房地产管理系列丛书

房地产经济学

上海大学房地产学院
钱国靖　主编

中国建筑工业出版社

图书在版编目（CIP）数据

房地产经济学/钱国靖主编. —北京：中国建筑工业
出版社，2009
（房地产管理系列丛书）
ISBN 978-7-112-11545-7

Ⅰ．房… Ⅱ．钱… Ⅲ．房地产经济学-高等学校-
教材 Ⅳ．F293.30

中国版本图书馆 CIP 数据核字（2009）第 203204 号

责任编辑：邓 卫
责任设计：崔兰萍
责任校对：陈 波 陈晶晶

房地产管理系列丛书
房地产经济学
上海大学房地产学院
钱国靖 主编

*

中国建筑工业出版社出版、发行（北京西郊百万庄）
各地新华书店、建筑书店经销
霸州市顺浩图文科技发展有限公司制版
北京同文印刷有限责任公司印刷

*

开本：787×1092 毫米 1/16 印张：9 字数：220 千字
2010 年 1 月第一版 2010 年 1 月第一次印刷
定价：**16.00** 元
ISBN 978-7-112-11545-7
（18783）

序

　　随着中国房地产业的发展以及发展中各种新情况的出现，有关房地产的探讨、争论持续不断，并始终能引起业界、政府和民众的极大兴趣。在此过程中，国内诸多高等院校根据产业发展和市场需要，开始招收房地产专业或专业方向的本专科生，为房地产企业提供专业人才，并围绕专业需要进行课程建设和教材编写。

　　事实上，国外高等院校以房地产命名的专业设置是并不多见的，我国教育部也将该专业置于基本目录以外的特批专业。凡设有房地产或类似专业的院校，一般是以建筑学、土木工程、工程管理、经济学或工商管理等专业提供学科基础支撑，也有某些院校在投资学科中引出房地产开发投资专业方向。因此，不同院校因支撑房地产专业或专业方向的学科基础的不同，围绕该专业或专业方向设定的主要课程便存在较大的差别。在这方面，国内外院校间的情况大同小异。

　　上海大学房地产学院是上海大学与上海市房屋土地资源管理局合作共建的一所专业学院。学院依托上海大学综合性学科优势，形成了以商学与工程管理两类教学科研人员为主的师资结构，在土地资源管理、房地产经济、房地产企业经营管理和建筑工程管理等专业或专业方向开展教学和应用性学术研究工作。经过几年的尝试和探索，积累了一定的经验，形成了些许理性认识。2006年，学院组织、动员了十多位专业教师，在充分讨论、研究并向专家咨询的基础上，提出并确定了《房地产管理系列丛书》及其各分册的名称、主要内容和章节编排等，自2007年下半年起，丛书陆续编写完成，由中国建筑工业出版社出版。

　　本丛书共收录10个分册。《房地产经济学》是在现代经济学原理的基础上，结合房地产业特点写就的专业基础课程教材。《房地产管理》以管理学原理为依据，是为房地产行业度身定制的应用性教科书。《房地产开发与经营》以现代营销学理论方法为主要内容，引入诸多行业实例作实证分析，应用性较强。《房地产金融学》与《房地产评估》和《建筑工程造价》则以投融资原理和财务、会计方法，介绍、解析了现代房地产项目的资金筹措和物业价值。而《建筑材料与房屋构造》和《房屋建筑力学与结构基础》是为非建筑学专业学生掌握基本知识而设计编写的通读性教材，内容虽浅，但较适合非理工科类专业方向的教学需要。《物业管理》主要讲述房地产业链的下游业务环节内容，十分重要，而现有图书往往忽略了商务物业的营运管理需要，该书在这方面作了必要的补充。值得一提的是，《房地产经济与管理专论》是本丛书唯一一本专著。史东辉教授以深厚的产业经济学理论功底，对房地产业的理论、政策和政府管理作了富有意义的研究探讨，使本丛书在学术性方面提升了一大步。

　　由于房地产开发与经营的关联性强，对专业人才的理论、知识、技能的类别有多样性要求，加之该专业在国内外高校中尚未形成相对公认的课程体系，因此，要编写好这套丛书是相当困难的。可喜的是，参与丛书编写的所有同志都以十分认真负责的态度，付出了心血，尽了最大的努力，完成了这项艰巨的任务，值得庆贺！

唐　豪
2007年6月

前　　言

　　编写一本房地产经济学教材是件极具挑战性的工作。经济学在常人眼中是关于经济活动的理论，他们认为有经济活动就会有经济学。于是有工业，就有工业经济学；有农业，就有农业经济学；有商业，也就应该有商业经济学。房地产，从土地批租到住宅建造，再到在市场上出售，在当代社会都是令众人瞩目的经济活动，有房地产经济学似乎也是顺理成章的事情。但读过经济学的人都知道，今天的经济学与其说是由其研究对象造就的，不如说是由其研究方法造就的。当代经济学其实只是建立在理性人假说基础之上的一套社会学分析方法。有的经济活动不一定能使用上这种方法，但有些非经济活动，反而可以用经济学方法来分析，比如公共选择理论就是这样。

　　以房地产经济学命名的教材眼下可谓汗牛充栋，但房地产经济学到底研究什么的问题仍旧令笔者困惑，一些房地产经济学课本只满足于解释大量的行业术语，看上去更像是房地产行业手册或者房地产入门。编者认为，学科要以经济学冠名，必须符合经济学研究的基本规范。在编者看来，这些规范至少应该包括以下几点：第一，必须研究经验事实。即便研究难以使用实证方法的住房公平问题，也应该去分析影响公平的实际的制度条件。第二，研究必须指向城市住房制度和房地产行业发展中的重大矛盾，因为我们永远无法搞清楚我们生活的全部细节，理论分析只能将注意力限制在为全社会关注的热点问题上。第三，必须不脱离当代经济学研究的基本范式，就是从理性人假定出发，研究市场过程对资源配置与公平问题的影响，尽管这种研究未必能帮助我们找到解决住房问题的"救世良方"。第四，必须形成若干解释模型，使其基础假说经得住逻辑检验。研究房地产的程度可以深也可以浅，满足了这些条件，学科的特点才可能凸现出来。

　　但问题是建立在理性人假说基础上的交易制度在房地产领域似乎正在经历失败，而不像它在其他领域那样可以永远高奏凯歌。我国自实行城市住房制度改革以来，房地产业神速发展，在不少地区已经成为国民经济支柱，成为银行信贷的主要对象，成为地方政府最重要的收入来源。但城市中的一些中、低收入家庭迄今仍然只拥有逼仄的居住空间（他们的景况可能不如收入比他们还要低的农民，而后者在解决住宅问题时不需要房地产开发商的助力）；进城农民则徜徉在来不及改造的破败的旧街区，并将城市的这些街区发展成新的贫民窟；越来越多新组建的家庭无力购房，自觉沦落为消费时尚的落伍者，社会不安定因素因此而滋生。另一方面，大片新建建筑无人居住，"人去楼空"，宛如撂荒地。是市场出了错，还是根本不应该用市场来解决城市住房问题，连这样的问题，都似可重新商榷。早在200多年前，恩格斯就出过专门讨论城市房地产的论文集——《论住宅问题》。在那些论文里，恩格斯曾断言社会革命是解决当时城市住宅困境的唯一出路。我们无意在这里深究恩格斯的思想，但恩格斯关于市场不能解决城市居民住宅问题的判断，当如警钟长鸣，可令今人振聋发聩。但若撇开市场，则今天的房地产当如何发展？房地产经济学又当作何解说？从入笔到完稿，这个问题无时不让编者苦恼。

其次，房地产市场又可以被描述为一个垄断竞争市场。垄断竞争市场区别于其他市场的主要特点是产品差别，而造就房地产差别的最主要的因素是土地位置的差别，因此，研究房地产市场的经济学家首先关注的总是住宅的区位选择问题。问题是如果选择区位问题作为房地产经济学学科研究的核心，则房地产经济学很难跳出已有的城市经济学的窠臼，城市经济学在这个问题上已经积累了大量的知识。这可能是为什么成熟市场经济国家大学教学中的城市经济学课程要比房地产经济学更为普遍的一个原因。房地产经济学要发展成为一门独立于城市经济学的学科，首先要思考使其超越城市经济学的话题是什么？

笔者认为使房地产分析摆脱城市经济学分析框架的重大问题，应该是房价不稳定问题。房价令人无法意料的起落是引导社会关注房地产市场的最主要原因，还是诱发经济泡沫的关键因素。能否合理解释房价的不稳定性是一本房地产经济学教材编写是否成功的一个指标。如果说这本教材与传统的城市经济学有所不同的话，那么这种不同主要体现在城市经济学研究的落脚点在于由各类建筑所营造的城市，这本教材研究的落脚点则在理解城市房产的价格。研究区位问题，研究市场结构问题，研究土地供给制度问题，研究政府在这个领域的作用问题，都在于解释房产价格为何如此，分析房产价格变化受哪些因素影响，研究政府应当如何帮助城市贫困家庭应付房产价格。

在这里，笔者必须坦白承认的是自己在房地产经济研究中的不成熟。作为一个长期从事理论经济学教学的教师，研究房价不可能偏离经济学的供求均衡模型，因为只有这个理论才能保障我们对变动不居的价格背后的稳定条件的把握。然而房地产价格通常像脱缰野马那样不受羁绊，使得供求模型的使用勉为其难，让人经常陷入无从言说之困窘。一开始，笔者觉得传统的区位理论不足以解释房地产大起大落的价格，所以总想超越传统视角，将关注点转到需求上来，特别是转到不稳定的投资需求上来。笔者一度认为，对投资的经济学解释能使经济学得以大步跨入这个众说纷纭的领域，使得经济分析的魅力得以展现，也使经济学研究的前沿话题，比如不确定性问题、信息不对称问题等在房地产学中得以延伸。鉴于这种认识，教材开始时努力地引入资本市场分析思路，企图用资本品价格的不稳定性来解释房价的不稳定，同时也将房地产问题转化为一个家庭财产积累的问题。

但这还是不足以说清楚房地产经济。首先是对于房价的起落，我们无法保持一种超然物外的洒脱态度。任何资本品的价格都像房价一样会大起大落，但大多数资本品的价格波动不会影响普通百姓的生活，房价却不是这样。城市房地产不稳定的价格极大地影响城市居民的福利水平。房地产投资是一种相当特殊的投资，一般的投资只向投资主体提供未来的效用，房地产投资不仅在未来满足投资者，也在当下满足投资者。换句话说，家庭购置房地产是结合消费的投资，也是带投资意味的消费，是所有家庭必不可少和无法回避的服务消费开支，是家庭财产最基础的部分。如果说个人财产权是个人自由的一项保障的话，拥有一套住宅是对个人自由的最重要的保障，这就如当代著名经济学家布坎南曾经准确解说过的那样："如果我们无家可归，我们的自由就真的受到威胁了"。因此不能将房地产局限在资本市场，应该将它放回产品市场，准确地说是放在服务市场上。

其次，将房地产经济归类在投资学里有可能多少偏离了经济学研究价格的传统。传统的价格理论可称之为成本价格理论，过去的经济学家多喜欢用成本分析价格形成之由来，马克思的劳动价值论就是这样。城市经济学关于房产的区位差异研究严格讲来是这种成本思路的一个延续。恪守成本价值论，本质上是恪守市场可以有效配置资源的理论。在教材的编写过程中，编者认识到成本对价格的影响，归根到底还应该是我们认识问题的出发点，我们应当坚决地去发掘房地产价格向成本回归的力量。房价远远高出成本，应该导致住宅供给量的增加，这种趋势导致房价重新向成本回归，这个简单的道理永远是成立的。房地产市场的特殊性，使得房价向成本回归的道路可能比其他商品来得艰难。第一，房地产存量规模过于庞大，一个社会通常没有这么强大的力量可以在短期内完成这种调整。一个简单的数字可以说明这个道理：每年新增加的住宅量，即房地产流量，通常只有已有房地产存量的3%，而这样一个建筑投资规模在整个社会的投资量中恐怕已经达到三分之一了。第二，房地产建造周期特别长，加上当代投资学揭示的各种复杂因素，使得房地产短期内更容易受需求影响，而不是成本影响。第三，房地产需求受投资影响，经常大幅度地偏离成本。但尽管如此，笔者还是希望能够站在成本的角度解释房地产价格的不稳定，尤其是落到土地上来，落到级差地租和绝对地租的分析上来，用马克思讲的绝对地租（在笔者看来，今天它更多地受土地使用制度的影响）的变化来分析房价的持续上涨。对成本分析的回归，实际上也是对传统经济学的回归。

在这本教材的编写过程中，美国作者丹尼斯·迪帕斯奎尔和威廉·C·惠顿编写的《城市经济学与房地产市场》使我找到研究房地产经济的一条路径，编写工作也就此变得简单起来。这本书首先比较合理地处理了房地产同时作为消费品与资本品的关系，这表现为它将房地产租赁市场作为消费市场对待，将所有权市场作为投资市场来对待。这种处理不能说尽善尽美，但至少让复杂问题变得容易观察起来。其次，它不仅遵循了研究房地产区位成本的传统，也强调了房地产需求问题，对需求的关注实际上就迈出了跳出城市经济学窠臼的第一步，将区位研究与需求研究联立起来，也就回到了经济学最基本的供求分析。这种处理给编者以豁然开朗的感觉，使编者认识到研究房地产经济学只有遵循这条相对来说比较成熟的道路继续走下去，在这个基础上深化和中国化，并且开发新的领域。有了丹尼斯·迪帕斯奎尔和威廉·C·惠顿的研究，编者认为可继续做下去的工作仅限于两点，一是将投资需求结合到消费需求中去，因为两位作者对投资因素的关注不是很多，而在当前中国，房价的飞速上涨可能是家庭投资行为造成的，甚至是单纯投机造成的。二是在土地成本研究中结合国家特定的土地制度。在这本教材中，笔者试图区分房地产短期价格与长期价格，用短期价格来描述容易变动的需求对房地产的影响，用长期价格描述成本变动的作用。在这个基础上，研究土地使用制度的复杂性所造就的长期价格的不稳定性。这样一个思路给笔者一个回归古典经济学传统的安全感觉。

如果市场是有效的，短期价格应当向长期价格回归，也就是由变动不居的需求造就的不稳定的价格回到由成本决定的稳定的价格；如果土地进入市场是不受任何牵制的，则长期价格即向稳定的成本价格回归。归根结底，土地使用权价格的形成也不是无迹可寻的，理论上它由土地使用的机会成本决定，也就是土地的其他收益，其中主要由农用收益决定。尽管现实的房地产价格能不能向稳定的长期价格回归，编者毫无把握。区分短期价格和长期价格可能只是在帮助我们理清楚研究思路，而无助于回答现实中的房地产价格变化趋势。值得一提的是，迪帕斯奎尔和惠顿并不认为房地产价格可以回归到生产成本，他们提出的房地产市场均衡模型是建立在房产损耗的基础上的，属于动态均衡，不是一种市场均衡。住宅作为一项资产，与固定资产一样也存在着损耗。因此存在住宅增量与其损耗均衡的可能性，一旦两者数量达到平衡，房地产也会呈现某种均衡状态。至于价格导致的需求与生产成本的均衡，这两位作者没有涉及。

问题的要点在于土地在我国已经不是单纯的国有资源，而是借助房地产，正在发展成为家庭的一种资产形式（尽管只涉及土地的使用权）。我国的市场化改革没有伴随着大规模的资产私有化运动，但这不等于说进入市场后私有财产也没有出现，事实上伴随着经济增长，家庭的私有财产正在进入其原始积累期。但可能出乎所有经济学家预料的是，这种大规模的私有财产首先不是出现在生产资料上，而是出现在不动产上。房地产一旦成为商品，也就迅速转化为家庭资产的重要形式，事实就如我们正在看到的那样，高收入阶层正在疯狂地购置房产，并将房产价格越推越高。这种变化其实合乎资产积累的一般规律，随着收入提高，人们最先关心的肯定是日常消费，其次是不动产，只有在收入达到很高的水平，才会关心直接生产投资。问题是我们还没有充分了解，家庭财产以这种形式形成带给社会的后果到底是什么？

我国是一个人均资源高度紧缺的国家，任何一种资源的私有化积聚都不可能不引发社会关系的紧张。可以与今天城市高收入阶层购置房产热相比拟的，应该是我国历史上的土地购置行为。在一个不存在农奴制度的农业社会里，土地（尽管其所有权从来不够充分）几乎是唯一的家庭可储存的财富，当一个家庭的收入富裕了以后，它首先想到的是购置土地，以便为未来的生活增添某种保障。可能仅仅在不到 100 年的岁月之前，这种想法还支配着大多数中国家庭。

少数家庭大量购置土地的行为在几千年中国历史上的作用从总体上看是负面的，在农业生产中，土地与劳动者是两种最基础的生产投入要素，技术在当时的农业生产中不占有重要的位置，很明显，农业社会的生产效率取决于劳动力是否比较平均地分配到土地上去，使得任何一块土地都不至于荒废，任何一个劳动者都不至于无事可干。在这样一个背景下，过分发展的土地集中只会起到破坏农业生产的作用。土地用于承载建筑，其经济效用要比提供农产品节约得多，但问题是今天城市土地使用的紧张程度也远在当年之上。家庭的房产积累到底会带来什么后果的问题虽然无法与农田兼并相提并论，但有一点是可以肯定的，就是这种资产积累活动对社会经济发展未必有益，它加剧财产占有上的两极分化，而且进一步导致土地紧缺。

其实，任何一种经济资源的私有化积累活动带来的后果都是复杂的，这种后果有可能是正面的，也可能是负面的。马克思的政治经济学说到底只是研究了资本积累的社会后果。马克思也说过，与资本私有制度相比，土地私有的后果更为负面。马克思认为私有土地权利是当代社会一个沉重的经济负担，没有任何积极的价值。中国曾经为消除土地私有付出了巨大的代价，同时也在这项工作中走得过远，以致打乱了农业发展的社会制度基础。但令人意外的是，土地积聚过程在房地产上似乎又开始重演了，尽管其性质和程度与历史上的情况很不相同。仅从这个意义上说，中国的房地产比丹尼斯·迪帕斯奎尔和威廉·C·惠顿已经整理清楚的话题要复杂得多。

还必须说明的是，编写教材的要点不在创新，而在概括，教材的写法应该在归类已有模型的基础上，适当地上升到理论讨论。从城市经济学或者房地产经济学的实际研究状况来看，已有的模型多偏重实务。尽管本教材的着意在理论，但无法脱离这种现状。比如，在编者看来，就对房地产价格的影响来说，土地制度的重要性超过土地区位的重要性，但鉴于人们对土地制度的实际作用的研究还十分有限，因此教材叙述区位理论的篇幅也要大过土地制度理论的篇幅。又比如，投资不确定性对房地产价格的影响在本教材中占有重要的位置，但教材对这个问题的论述还是非常有限的，因为我们还在期待经济学界这方面更多理论观点的问世。

在编者开始酝酿这本教材思路的时候，史东辉老师提出过很好的建议，我的学生也为我做了很多工作，在此对他们表示真诚的感谢。

钱国靖

2009 年 6 月

目　录

Ⅰ　房地产经济学概论

Ⅱ　城市土地：租金与价格

I

房地产经济学概论

1 房地产与房地产市场

本章要点

（1）房地产是一项重要的投资，房地产业在国民经济中占有重要的地位。

（2）房地产市场可以区分为使用权交易市场与所有权交易市场，房地产使用权价格与资产价格彼此关联。

（3）房地产价格受收入、利率、建设成本等因素的影响。政府的住房保障制度、土地开发规划、税收等因素也会影响房地产价格的形成。

什么是房地产？一个国家的房地产或者不动产（Real Estate），是指这个国家国土范围之内所有的建筑物以及承载着这些建筑物的土地。广义的房地产可以包括可能用于建造各类建筑的其余的土地，但在狭义的房地产讨论中，我们可将这些尚未为建筑业利用的土地暂且撇开。房地产讲的建筑可以是住宅，也可以是写字楼、仓库、厂房、商业大厦，或者其他房屋，它们被家庭、政府部门、公司或其他类型的企业、非营利的社会组织等用于居住或者从事各种社会活动。

房地产是一项十分重要的资产，对一个家庭来说，一套住宅很可能是这个家庭所拥有财产中的最重要的组成部分。如布坎南所说："一个人如果没有可居住之地，其自由就可能在最大程度上受到威胁。"房地产作为资产，其价值也通常在一个国家所有的物质资产存量中占了最大的份额。

虽然建筑流量，即每年新增的建筑物，只占建筑存量的3%左右，与一个国家已经拥有的建筑数量相比，这些新建建筑物的数量几乎是微不足道的，但投资这些建筑物的耗费在当代社会却可以占社会总投资的7%左右。房地产由是经常成为一个国家最重要的投资品，房地产业也就有可能成为一个国家最大的产业。一般来说，投资房地产的开支60%用于建造活动本身，40%用于购买建筑材料。因此一个国家房地产产业的发展也会带动其他产业，包括带动支撑着这个产业活动的金融业。

值得注意的是房地产包括土地，但土地不是生产出来的产品，土地的价值不应该计入房地产产值，并且随房地产产值进入一个国家的GDP。但是作为资本品，土地的价格是进入房地产价格的。至于房地产作为资本品的收益，无论是房租还是地租，当然都进入国内产值。

房屋是一项特别耐用的消费品，购买房地产兼有消费与投资的意味，家庭购买一套住宅，很难说得清楚是一种消费行为还是一种投资行为。但在某些场合，两者是可以区分开来的。当一套住宅被租用的时候，它很明显是被租房人当作服务设施来消费的。当买主买下一套住宅又出租给他人时，它很明显又是被买主当作一项资本品使用的。如果一个家庭买下一套住宅仅仅供自己使用，由于房屋给家庭带来的满足不仅发生在当下，又发生在未来，而且主要是发生在未来，所以一般也视为投资。但这就发生一个问题，由于家庭没有必要为自己支付房租，这项投资的收益就被掩盖了。理论上，自己的住宅创造的收益也应该计入国内产值。

1.1　房地产规模

房地产作为资产，其规模在国家物质资产存量中占有特别重要的位置。通常一个国家的财富可以划分为动产、不动产和知识产权等形式。房地产，即不动产的价值，经常要占到一个国家全部物质资产的 50％以上，其余不足 50％的部分才是机器、设备、存货、收藏品等其他物质资产。据 1991 年的统计，美国 1990 年的房地产价值总额将近 8.8 万亿美元（表 1-1），大约占全国财富总额的 56％。而英国的房地产更是占其物质资本总量的 60％。

<table>
<tr><td colspan="3">1990 年美国房地产价值　　　　　　　　　　　　　　　　　　　　表 1-1</td></tr>
<tr><th>构　　　成</th><th>金额(10 亿美元)</th><th>占 GDP 比例(％)</th></tr>
<tr><td>居住物业</td><td>6122</td><td>69.8</td></tr>
<tr><td>　独户住宅</td><td>5419</td><td>61.7</td></tr>
<tr><td>　多户住宅</td><td>552</td><td>6.3</td></tr>
<tr><td>　公寓</td><td>96</td><td>1.1</td></tr>
<tr><td>　可移动住宅</td><td>55</td><td>0.6</td></tr>
<tr><td>非居住物业</td><td>2655</td><td>30.2</td></tr>
<tr><td>　零售商业</td><td>1115</td><td>12.7</td></tr>
<tr><td>　写字楼</td><td>1009</td><td>11.5</td></tr>
<tr><td>　制造业厂房</td><td>308</td><td>3.5</td></tr>
<tr><td>　仓库</td><td>223</td><td>2.5</td></tr>
<tr><td>美国房地产总价值</td><td>8777</td><td>100.0</td></tr>
</table>

资料来源：转引自（美）丹尼斯·迪帕斯奎尔、威廉·C·惠顿《城市经济学与房地产市场》，经济科学出版社 2002 年版。

值得一提的是，统计一个国家的房地产价值总量是一件十分困难的工作，上述美国的数据，是借助美国经济分析局（Bureau of Economic Analysis：BEA）建议的所谓"固定的可再生游行财富"估算方法统计出来的，数据则来自其国内的收入账户与产量账户。这个方法就是将历年房地产投资额累积起来，再减去房屋已经废弃部分的价值。每年废弃的房屋价值总量应等于每年房屋折旧费，房屋在某一年的折旧费用应该按照房屋在该年市场上的重置价格来估算，但这样做是行不通的，折旧费用的确定实际上只依据历史成本。因此，求得的折旧费当然不够准确，更不用说折旧率本来也未必真实地表现了房屋的实际磨损程度，所以用这样的方法统计出来的房地产资产总值或多或少是偏离实际情况的。另外，房地产存量价值包括了土地的价值，土地的价格通常又是变动不居的，这也给估算房地产价值带来一定形困难。

鉴于房地产存量数据实际上只是通过对每年房地产投资量的核算求来的，我们不如直接考察房地产流量规模来研究房地产在社会经济活动中的地位。在这种统计中，土地的价值被排除在外，因为土地永远是存量，不可能是流量。1990 年，美国新增建筑约为 4460 亿美元，占当年 GDP 的 8％左右。

表 1-2 是美国 1990 年新建项目的价值构成。1990 年，美国国内私人投资总额为 8030 亿美元。这就是说，当年美国私人投资中一半以上的钱用在建筑物的购置上，其余才是购

买机器与设备。新增的建筑项目可以划分为私人建设和公共建设。极大部分私人建设项目都是房屋，1990 年，美国私人建筑价值大约为 3010 亿美元，占当年 GDP 的 5.5％。而其中，居住物业的价值占其中的大约 61％，其余的为工业和其他商用建筑物。在公共建设中，基础设施，包括道路、桥梁、飞机场等占 58％，房屋占 42％。

美国 1990 年新建项目价值构成　　　　　　　　　　　　　　　表 1-2

项　　　目	金额(10 亿美元)	占 GDP 的比例(％)
私人工程	338	6.1
房屋	301	5.5
居住物业	183	3.3
非居住物业	118	2.1
工业	24	0.4
写字楼	29	0.5
酒店、旅馆	10	0.2
其他商业性物业	34	0.6
除房屋之外的其他物业	37	0.7
公用事业	31	0.6
其他	6	0.1
公共工程	109	2.0
房屋	46	0.8
住宅和开发	4	0.1
工业	1	0.0
其他	41	0.7
除房屋之外的其他建设	63	1.1
基础设施	55	1.0
其他	8	0.1
新增建筑之和	446	8.1

资料来源：同表 1-1。

20 世纪 90 年代中期以来，房地产业在我国发展迅速，在城市的增长速度尤其令人注目。表 1-3 是根据相关年度《中国统计年鉴》与《上海统计年鉴》整理出来的数字。

1995～2004 年全国与上海房地产业的增加值　　　　　　　　　表 1-3

年份	全国房地产增加值(亿元)	全国 GDP(亿元)	全国房地产占全国 GDP 的比例(％)	上海房地产业增加值(亿元)	上海 GDP(亿元)	上海房地产占上海 GDP 的比例(％)	上海房地产增加值占全国房地产的比例(％)
1995	1058.6	58478.1	1.8	91.29	2462.57	3.7	8.6
1996	1149.3	67884.6	1.7	124.26	2902.20	4.3	10.8
1997	1258.8	74462.6	1.7	147.51	3360.21	4.4	11.7
1998	1452.6	78345.2	1.9	185.40	3688.20	5.0	12.8
1999	1528.4	82067.5	1.9	210.53	4034.96	5.2	13.8
2000	1690.4	89468.1	1.9	251.70	4551.15	5.5	14.9
2001	1885.4	97314.8	1.9	316.85	4950.84	6.4	16.8
2002	2098.2	105172.3	2.0	373.63	5408.76	6.9	17.8
2003	2377.6	117390.2	2.0	463.93	6250.81	7.4	19.5
2004		136875.9		622.59	7450.27	8.4	

资料来源：相关年度《中国统计年鉴》与《上海统计年鉴》。

这里统计房地产产值是将房地产当作一个产业对待而计算出来的，这些数据包括新增房产的价值和原有的房产用于出租而创造出来的价值。因此，我国房地产业创造的价值不同于房地产投资价值。更重要的是，这个数据也没有准确估计农村地区农民为自己建造的房屋的价值，以及这些自用的建筑每年提供的资产收益。一般来说，见诸我国统计年鉴上的房地产价值是低于房地产实际价值的。从 1995～2004 年，上海房地产投资额不断增长，如表 1-4 所示。

上海 1990 年代中期以来房地产投资   表 1-4

年份	房地产投资 (亿元)	住宅投资 (亿元)	GDP(亿元)	房地产投资占 GDP 的比例(%)	住宅投资占 GDP 的比例(%)
1995	466	280	2462	18.9	11.4
1996	658	356	2902	22.7	12.3
1997	614	334	3360	18.3	9.9
1998	577	321	3688	15.6	8.7
1999	515	324	4034	12.8	8.0
2000	566	409	4551	12.4	9.0
2001	631	439	4950	12.7	8.9
2002	749	568	5408	13.8	10.5
2003	901	676	6250	14.4	10.8
2004	1175	914	7450	15.8	12.3

资料来源：相关年份的上海统计年鉴、上海统计网。

由于表 1-4 中的数字只是建造房屋的花费，包括在市场上出售了的房产的价值与还没有出售的房产的价值，所以略高于上述上海房地产业的增加值。不管怎么说，国家与地方上的统计年鉴上的这些数字还是可以折射出房地产在我国经济发展中的地位。从这些数字看，从 1995～2003 年，我国房地产增加值增长了 1.25 倍，年均增长速度达 10.6%。房地产行业创造的产值在国家 GDP 中的位置也稳中有升。城市房地产业增长速度更是惊人。上海房地产业在同一期间增长了 4.08 倍，年均增长率达 22.5%。在城市 GDP 中的位置与发达国家相仿，甚至更高。

1.2 房地产市场：使用与投资

房地产可以购买，也可以租赁，房地产市场因此也包括买卖市场与租赁市场，前者交易房地产所有权，后者交易房地产使用权。在教材中，我们将前者称为房地产资产市场，将后者称为房地产使用市场。

房地产使用市场价格与房地产资产价格彼此关联，但又受制于各自市场的供求关系。

房地产资产价格由房地产资产市场供求关系决定。理论上，一个城市的房地产供给应该包括这个城市的全部房地产存量，房地产需求也应该包括这个城市全部家庭和厂商对各类房产的需求。由于一个城市已有的房产存量总是远远大于某一年新增的房产，再考虑家庭的消费需求具有某种稳定性，一个城市的房地产价格应当是这个城市最不容易变动的价格。然而实际情况远非如此。

我们暂且不讨论这一复杂的问题，而将注意力放在房地产资产价格与使用价格的关系上。理论上，房地产资产价格一经确定，房地产租赁价格也就相应地产生了，因为房地产租赁价格是房地产折旧费与房地产资产收益之和。但实际上并不尽然。首先，房地产资产收益并不总是固定的，一种资产的收益决定往往受制于家庭其他资产的收益率。其次，家庭的租赁需求不止是对住宅的需求，而是对包括住宅在内的一系列服务的需求，这就是说，与住宅关联的物业管理公司的服务、社区环境、邻里和谐程度等都影响这种服务的获得，家庭为这种服务支付的价格当然就不得不考虑这些互补品的价格。再次，家庭的居住需求只是家庭众多需求中的一个组成部分，家庭不会将收入全部用在满足居住之上。因此，家庭在住宅上的开支还与其他家庭开支产生在一定程度上有替代关系，可替代物品价格的变动显然也会改变家庭为住宅开出的价格。总之，房地产所有权的价格只构成房地产使用权价格的成本部分，房地产使用权交易本身存在一个完整的市场，房地产使用权价格由这个市场上相对独立的供求关系决定。在房地产市场研究上，一般我们很难区分使用市场与资产市场的孰先孰后的问题，很难说哪一个市场是原来就有的，哪一个市场是派生的。我们只知道它们相互影响，房地产资产价格决定之后，会影响房地产租赁价格；房地产租赁价格决定之后，也会影响房地产资产价格。

区分两个市场对研究房地产市场有很大的意义。

尽管原因很难说得十分清楚，但房地产市场确实是一个经常出现垄断利润的市场，也就是说，一个城市的房地产价格很可能是垄断价格。但垄断不是每时每刻都在发生的，这个市场上的价格有的时候也可能是理想的竞争价格，只在有的时候才会发生垄断。对研究房地产市场的经济表现的人来说，重要的是如何将这个市场中垄断表现从正常的市场表现中剥离出来；将垄断价格与竞争价格区别开来，指出什么样的价格是竞争价格，什么样的价格是很难接受的垄断价格，以便对垄断有所警惕，有所发现，有所界定，最后对消除垄断有所举措。

要解决这个问题，应该先了解垄断价格何以实现？为什么有的时候房地产销售者开出的特别昂贵的价格也会有人接受。对这个问题的简单而明显的答案是家庭效用函数存在区别。家庭与家庭不一样，对大多数家庭来说太过昂贵的东西，对富裕家庭来说可能并不是真正的负担。而且一个城市每年新建的住宅，一般来说也只占这个城市全部建筑的3％左右；这个有限的供给额可能正好只用来满足一个城市的富人的需求。因此，当一个城市的房地产价格持续飞涨，远远偏离了这个城市大多数人可以支付的能力的时候，市场需求至少在短期内是不会消失的。

与大多数人都相关的城市住宅市场应该是住宅租赁市场。每个城市家庭在城市都必须有一个居所，这与其收入水平无关。当一个城市的新建住宅的所有权价格远远超出普通群众的购买能力的时候，家庭会纷纷从产权市场上退出，租赁成了他们唯一可以选择的出路。可见，租赁市场一般来说应该是一个大多数城市家庭都有可能参与其中的市场。因此，住宅的租赁价格应该接近竞争价格，租赁市场是一个迫使出租者竞争的市场。如果实际情况真是这样，这就给房地产分析带来一种可能性，就是借助租赁市场的价格来推断房地产所有权交易市场的价格是否有被隐秘地塞入垄断利润之嫌。可见，将房地产使用权交易市场与所有权交易市场区别开来，是研究房地产市场的一个理想的思路。

将房地产产权市场与租赁市场区分开来，还在一定程度上区分了房地产市场需求中的消费需求与投资需求。经济学将人设定为追求最大效用，也即追求最大的满足感受的动物，投资的目的与消费的目的一样，都在于获得满足，消费是为了获得当下的满足，投资是为在未来获得满足。购置住宅，既使家庭当下就获得了满足，也使家庭可以在未来获得满足，因此，房地产购买行为同时含有消费和投资的成分。一般来说，房地产购置被经济学家划入投资范畴，因为一套住宅可以存在很长的年限，可以供家庭长期消费，由于住宅给人带来的满足更多地体现在未来，而不是当下，所以它更像是家庭的一笔投资。但很明显，家庭购置房地产不是单纯的投资，它也解决一个家庭当下的需求，所以房地产市场也有明显的消费市场的特点。将产权市场与租赁市场区分开来，也就将这个市场上的投资行为与消费行为区分了开来。很明显租赁一般只解决家庭当下的消费问题，租赁通常是短期的。购置住宅的所有权就更接近投资，这是一个标准的家庭扩充自己财富存量的行为。就竞争和垄断的关系来说，通常也是消费品市场竞争程度更高一点，而资本品由于存在更强的稀缺性，市场的垄断程度也可能更高一点。

专栏 1.1　我国城市住房制度改革后，拥有自己住房居民的比例上升过快

> 我国 1998 年房改实施以来的政策有三个问题。一是，房改政策过分强调了市场化，对于政府本身要加强的住房保障这块抓得不好。二是，房改在推行市场化的同时，正好遇到亚洲金融危机，政府实施了积极的财政政策与货币政策，过度刺激了房地产业的发展。在我们这个资源紧缺国家，没有强调城市居民对于住房的适度消费、合理消费，导致 2000 年以来房子越盖越大，经济适用房面积有的超过 $100m^2$，有的甚至达到 $200m^2$，把居民的胃口吊得越来越高。三是，提出租售并举后，措施没有跟上，租赁市场、二手房市场发展过慢。在很长一段时间里，政府住房政策导向是要求大家都去买房居住，这在全世界任何一个国家都是不可能实现的。据统计，我国目前城市住房产权自有率是 82% 左右，相比之下，美国城市住房产权自有率是 68%，英国是 56%，欧洲其他国家是 30%～50% 之间。作为发展中国家，正常情况下大概有 30% 的人群可以买房，70% 都应该是租房群体。

然而，区分租赁市场与产权市场也未必是一个绝对完美的分析思路，因为房地产的租赁价格与产权价格又是密切关联的，产权价格的垄断成分也会给房地产租赁价格打上垄断的烙印。显然产权价格越高，租赁价格也应该越高。如果租赁价格必须是竞争的，理论上产权价格就很难卖出垄断高价来。从消费的一方说，租房价格的历史总和应该等于买房的价格，如果它在租房的时候不愿意支付垄断价格，那么它在买房的时候也不愿意支付垄断价格。租房和买房的区别其实非常之小，尤其是当消费者用分期付款的方式买房，或者为了买房而从银行贷款，然后分期还贷的时候，它的购买行为与租赁行为也没有什么区别。所不同的仅仅在于过了契约期限后，残余的住宅归谁。我国实行住房制度改革，重建了城市房地产市场之后，房价上升与房产的租价上升也基本同步。在房价上升特别快，社会反对垄断房价的呼声最为强烈的时候，房屋租赁价格也上升得几乎一样快。一点看不出竞争压力对租赁价格的影响。

1.3　房地产价格决定模型

在区分使用市场与资产市场之后，我们可以建立房地产市场的价格决定模型，这里的价格包括房地产使用价格与资产价格。

假定条件是我们讨论的房地产只是家庭住宅，而家庭获得房地产又只是为了消费，消费需求又只从租赁活动得到满足，则租赁市场成为房地产主要市场。在这个模型中，投资者购置房地产只是为了出租，即在租赁市场上创造出供给。再假定不存在住宅差别和造成垄断的其他条件，假定这个市场是完全竞争的。在这样的条件下，房地产使用价格与资产价格的形成的因果关系如下所述。

首先，在使用市场上，大量已经存在的住宅存量与极少数当下形成的新增住宅共同造就供给，由于住宅存量的数量远远超过新增的住宅，所以可以近似地认为租赁市场上住宅的供给是一个常量。住宅需求则取决于家庭的收入。受边际效用递减规律的影响，在收入不变的条件下，家庭的需求曲线是负斜率的。在既定收入水平下的家庭的住宅需求与近似于不变的供给量决定了房地产租赁价格，如图1-1所示。

租赁价格又影响房地产资产价格。如果不考虑折旧，住宅资产价格等于租金除以市场利率。用 R 表示租金，用 i 表示市场利率，房地产资产价格为 P，则

$$P=R/i \tag{1-1}$$

住宅供给受制于建设成本。受边际生产力递减规律的影响，住宅的供给曲线是正斜率的。住宅供给曲线与住宅价格共同决定了住宅新增的供给量，如图1-2所示。

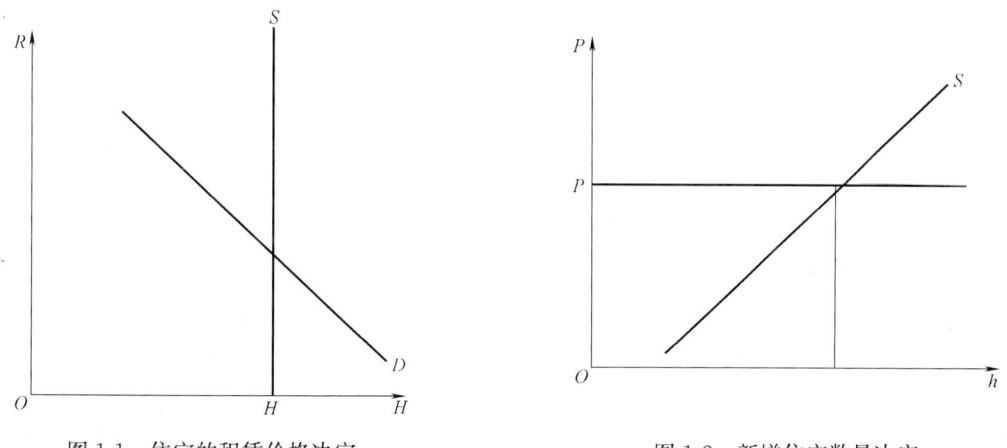

图1-1　住宅的租赁价格决定　　　　　　图1-2　新增住宅数量决定

新增供给一旦形成，或多或少地改变了住宅存量，从而对住宅的租赁价格产生影响，如图1-3所示。

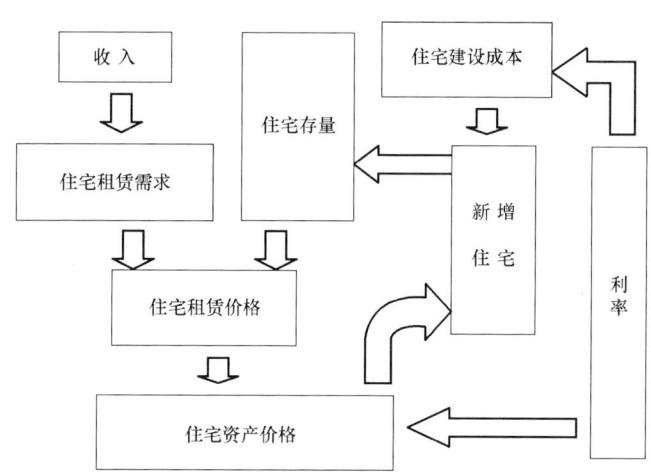

图1-3　房地产使用价格与资产价格的关系

根据美国经济学教授丹尼斯·迪帕斯奎尔与威廉·C·惠顿耗时4年撰写的《城市经济学与房地产市场》，房地产租赁价格与资产价格的这种关系如图1-4所示。

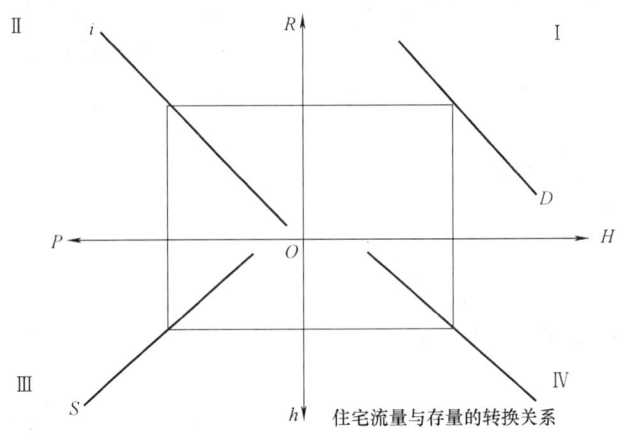

图 1-4　房地产价格决定

第Ⅰ象限的横轴表示住宅存量，纵轴表示住宅租赁价格。在住宅存量为常量的情况下，租赁价格由住宅需求决定。在第Ⅱ象限中，租赁价格转化为住宅价格。如果不考虑其他因素，这种转换仅取决于利率，利率决定了图 1-4 中这条转换关系线的斜率。第Ⅲ象限的纵轴表示住宅流量，住宅价格已定，则新住宅的供给取决于房地产开发商的供给曲线。第Ⅳ象限的斜线十分粗略地表示了住宅流量与存量的转换关系。严格地说，这两者不存在不变的转换比例，为了简便我们将它设计成直线，它表示住宅流量的增加会导致住宅存量的增加。在这个模型中，房地产使用价格与资产价格都用马歇尔局部均衡模型来描述，租赁价格与资产价格的关系用凯恩斯的投资模型描述。值得注意的是利率在这个模型中的作用。利率不仅通过改变房地产的资产价格，而改变在房地产资产市场上的需求，利率还是房地产开发商的直接成本或者机会成本，所以利率的变动对房地产资产市场上的供给也有重大影响。

经济学家认为，在所有的投资项目中房地产是受利率影响最大的项目。

这个模型虽然只讨论了居住物业，但实际上工业与商用房地产的市场过程与此没有什么区别。居住物业需求受家庭收入的影响，工业与商用房地产需求则取决于公司对盈利的追求与特定的资产结构。

这个模型假设用于消费的房地产都来自租赁市场，这个假设明显不符合事实。实际上，大多数家庭购置房地产资产的目的不是用来出租，而是自己居住的。业主自己使用房地产的事实从理论上讲没有改变模型的合理性，因为居住自己的房地产同样可认为是需要支付租金的，只是这种租金没有付给他人，而是付给了自己。同理，家庭的收入水平决定它可以支付住宅的租金的水平，这种租金暗含了住宅所有权的价格，这个家庭的主人会用这个价格去购置住宅。

但是家庭的理性是有限的，在大多数情况下，拥有自用住宅的业主对房地产使用价格的变化并不关心，"失去的东西永远是最美好的东西"，一个家庭付给他人租金的时候，租金的多少他们是高度关注的，当他们为自己支付租金的时候他们对付出了多少通常是没有感觉的。因此，实际上被业主自己使用的房地产已经离开了市场，它们不参与市场上供求双方的博弈。这一事实表明实际的房地产租赁市场要比理论上的小得多。而由于大量的房地产存量的退出，租赁市场的主导地位就会失去，使用价格反过来受新增住宅价格的影响也会大大增加，使用价格于是也有可能陷入大幅度的震荡。

1.4 国民收入、利率、信贷条件与建设成本对房地产价格的影响

有了基本模型，我们就可以找出影响房地产使用价格与资产价格波动的各种宏观经济参数。

一个国家经济增长对房地产业的刺激，主要通过家庭收入的提高和公司投资的扩大这两个途径来发挥作用。收入增长导致对房地产租赁需求的增加，在房地产供给不变的条件下，使租金上升；如果利率不变，则再带动房地产价格上升；如果房产建筑成本不变，则再使房地产投资增加，扩大了新增房地产的数量，也最终扩大了房地产存量规模。

房产存量的扩大会在一定程度上削弱租金价格的上涨趋势，进而削弱房产资产价格的上涨趋势和房地产增长的速度，使为收入增长带动的房地产业的发展速度略微放慢，逐渐进入一种新的均衡。

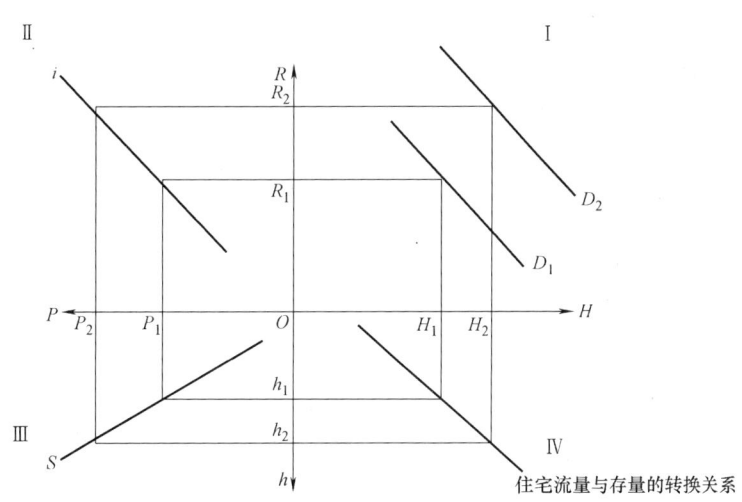

图 1-5 收入增长对房地产市场的影响

一般来说，国民收入变动对房地产业的影响十分明显。经济增长使房地产投资增长，同时住宅空置率也下降；经济陷入低迷则房地产投资下降，住宅空置率上升。图 1-4 与图 1-5 是用表 1-3 的数字编制的我国与上海房地产业与 GDP 增长的态势图。

专栏 1.2 我国近年来城市房地产业发展超过了受收入制约的社会需求

房价的复杂主要来自房产需求的复杂。所谓"理性"的房价，就其经济学含义，应该是指追求效用最大化的家庭的房产需求与房产供给达到均衡的价格。问题是家庭购买房产需求服从于两种动机，一是获得家庭的栖息之地，二是安排家庭的资产，由这两种动机导致的需求是不一样的，受这些不同的需求影响的"理性的"房价也是不一样的。

如果家庭购置房产仅仅是为了消费，其需求量应由消费者均衡条件决定，这个条件要求家庭从房产中获得的单位价格的边际效用等同于家庭从其他物品消费中获得的单位价格的边际效用。当然家庭满足程度是我们无法测定的，经济学家不可能从这种计算中获得家庭对房产需求的确切数据。但国际流行的房价收入比应该是反映这种均衡要求的一个数字，如果一个国家的房价远远偏离了国际流行的房价收入比，那么至少说明家庭均衡消费的要求没有得到满足，或者说家庭的住宅需求已经偏离了单纯的消费需求。

据统计，一般国家房价收入比大约在 3～6 倍之间，我国许多城市的这一指标大大超出了这一水平，尤其是上海、北京等地甚至超出 12 倍。占上海 50％以上销售比例的 100～150m² /套的商品房价格大约为上海家庭人均可支配年收入的 35～40 倍。这就是说，上海大多数家庭必须倾其所有、降低消费能力再利用按揭贷款才有可能购置房产。

不仅经济增长会带动房地产业的增长，房地产业的增长也会带动经济增长，尤其在有效需求不足的条件下，房地产会激发一系列社会需求的扩大。

利率变动对房地产的影响主要体现在两个方面，第一，在租金不变的情况下，改变房地产价格。在我们的模型里，就是改变第Ⅱ象限里那条斜线的斜率。如图 1-6 所示，利率下降导致房地产价格上升，并且引起供给增加。

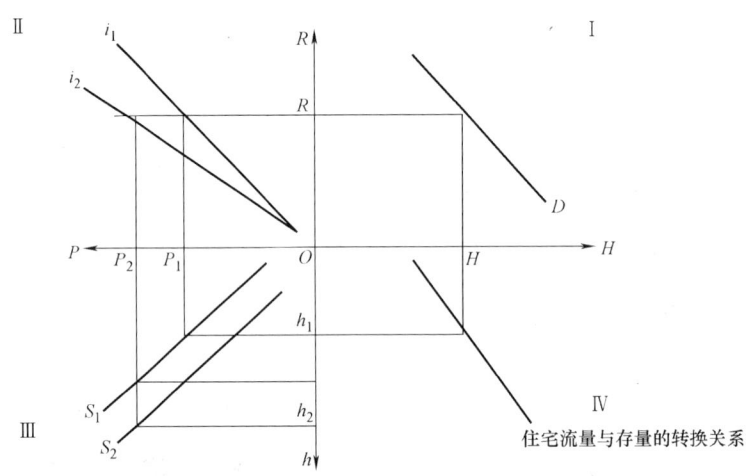

图 1-6　利率变化对房地产市场的影响

利率对房地产市场的第二个作用就是使房地产开发商的成本下降，如图 1-6 所示，这也导致新增房地产的规模扩大。至于房地产流量规模扩大的后续效应，读者可以自己去想象。

当代经济学认为，银行信贷规模不仅取决于利率，还取决于银行对信贷规模的控制。信贷条件的变动不影响房地产价格形成，但影响房地产供给曲线的位置。如果银行放松对开发商贷款控制，应该使我们模型中的供给曲线进一步向下移动，它可以使房地产流量规模进一步扩大。

最后，房产建设成本也发挥着类似的作用，建设成本的下降也使供给曲线向下移动，而建筑成本的上升则使供给曲线向上移动。

1.5　房地产公共政策

房地产业不可能是一个单纯的市场产业，无论是中央政府还是地方政府都会出于不同的目的对这个产业进行干预。政府对房地产业的干预有的时候也不是专门针对房地产业的，但却对房地产业产生特别重要的影响，比如货币政策就是这样一种政策。有的政策是专门用来对付房地产业的，由于这一类政策主要用来解决住房公平问题，政策的执行者多为地方政府。

一般来说，经济活动需要政府介入的理由是：

第一，市场不完整，任凭这种不完全的市场发挥作用可能导致资源的错误配置。

第二，公民社会的某些目标需要非营利机构来完成，这些目标主要是照顾那些不能供养自己的人，如老人、残疾者、生活能力特别弱的人，无法靠自己力量解决贫困问题的人。

第三，维持宏观经济的稳定，与通货膨胀、失业和经济衰退作斗争。

房地产业存在第一和第二方面的问题，房地产业的波动又是导致宏观经济不稳定的一个重要因素。所以这个产业必须有政府的介入。当然，政府过多的和不恰当的干预也会妨碍房地产业的健康发展。

1.5.1　政府资助住宅

中央政府和地方政府都有可能出台一些政策来帮助解决中、低收入阶层的住房困难，有的时候政府直接为目标群体提供住宅，有的时候政府会给目标群体提供租金补助。

政府向中、低收入阶层提供住宅使一部分社会需求离开市场，它对整个房地产市场的影响是使房地产使用市场的需求减少，从而使租金降低，并带动房地产资产价格的下降。政府向中、低收入阶层提供租金补助对房地产市场的影响则与此相反，因为政府为中、低收入阶层部分"买单"意味着房地产需求扩大，它应该使房地产使用价格与资产价格都有所上扬。两者对房地产业的影响也不一样，前者会使房地产业萎缩，后者使房地产业扩大。

1.5.2　政府的土地开发管制

一个国家的政府，尤其是地方政府对私人土地的开发利用有极其严格的控制，政府会要求房产开发商在开发项目的时候申请各种各样的许可证。政府的这种控制的目的常常是为了公众利益。我国城市土地属国家所有，政府通过批租的方式将土地交给房产开发商使用，前提也是房产开发商的用地必须符合政府的城市建设规划和建设进度。

政府对土地的控制有时会使项目建设周期拉长，有时也会增加开发商的建设成本。在我们的模型中，它使第Ⅲ象限中的供给曲线沿价格轴方向移动，导致新增房产的数量减少。

1.5.3　房地产税收

政府涉及的房地产税收有许多种类，对开发商征税从理论上讲，应该使房产建设成本上升，从而减少新建筑的供给。对家庭征税，比如征收家庭的物业税，应该使家庭对房产的需求减少，从而使房地产使用价格与资产价格都下降，使房地产发展速度放缓。

但税收有的时候也会对加速发展房地产业有利。美国政府规定，公司或者家庭如果负债购房，房地产的资产利息通常可以在税前扣除。这实际上提高了房地产资产收益，使房地产资产价格提高和开发规模变大。

房地产开发与购置都离不开金融，为了方便房地产融资，一个国家往往也会专设一些房地产融资机构与融资项目。而金融又是国家调控宏观经济的重要对象，因此一个国家的金融政策也会对房地产产生重要的影响。

2 房地产的经济学研究思路

本章要点

（1）经济学是一种分析社会问题的工具，并且经济学研究的大多数问题是实证的。房地产经济学应该用经济学方法分析房地产市场上最为人注目的问题。房价过高以及变动不居是我国房地产经济研究的一个重要问题。

（2）房价，无论是资产价格还是租赁价格，都受四方面因素的影响。首先是建筑本身的规格与质量，其次是与地块位置相关的各种因素；再次是宏观经济条件；最后是房产交易的市场条件。其中第一项、第三项影响房地产的相对价格的变动，第二项与第四项影响房地产总体价格的变动。

（3）与其他市场相比，房地产价格对经济条件变动往往不够敏感，这使得房地产市场经常陷入非均衡状态，引发房地产周期甚至国民经济周期。

"欲其工必先利其器"，在决定使用经济学工具研究房地产之前，让我们先来解决什么是经济学的问题。

房地产本身是一项经济事务，准确地说是一项投资。因为经济学家通常站在家庭选择的角度看社会经济问题，而房地产是家庭投资的最为重要的形式之一。如果站在开发商的立场上看，则房地产又是一项包括土地、服务在内的一项产品；站在国家经济计划制定者的立场上看，房地产是一个产业。问题的关键在于我们如何看待经济学。房地产经济学不等于房地产投资学，不等于房地产融资学，不等于物业评估学，甚至不等于房地产产业经济学。它不按经济事务的脉络去界定、去划分，它只研究某些特定的房地产问题。

其实在今天，经济学并不只是研究经济事务的理论，它是一种方法、一种范式。具体说来，就是假定人具有自私的本能和理性地谋取个人利益的能力，即具有经济理性的条件下，人们将在相关事务之中如何达到彼此之间的和谐。经济学家认为，当人们用理性人假说演绎某种社会关系模式的时候，这种研究就是经济学，无论这些社会关系是经济关系，还是非经济关系。因此，房地产经济学也不应该停留在观察房地产领域的经济现象。它应该强调在观察、分析这些现象的时候，对经济学特有的研究方法的使用。事实上房地产经济学就是如此，与其说这是一个特殊的研究领域，不如说它是了解经济学研究方法的经济学家对一系列房地产"问题"的关注，这些问题包括房地产市场结构、政府与房地产市场关系、房地产业与国民经济关系、房地产市场、房地产业与福利关系等。

2.1 经济学与经济学视野中的房地产

历史地看，经济学是一种社会制度的构建理论。经济学研究在自然状态下，出于追求个人欲望不断满足的人们，如何实现使彼此和谐共存的制度模式。

人类对这个话题的研究可以追溯到霍布斯。霍布斯曾经认为，自然状态下的人是无法和谐共处的，人的自私动机必定将社会生活演变成"一切人反对一切人的战争"。霍布斯因而认为，和谐的条件是一切社会权力交由政府主宰。但垄断一切社会权力的政府肯定会成为一个专制政府，实践表明，专制政府很难保障人民的福利。洛克认为，个人存在着一些基本权利，这些基本权利是政府不能随便拿走的。洛克认为，人的基本权力有生命、财产和自由。卢梭走向问题的另一个极端，卢梭认为，社会权力天然就应该是个人的，政府的权力只能局限于个人让渡出来的那个部分。法国大革命实践了卢梭的政治理想。但革命的实践表明，一个企图实现完全自由的社会，恰恰最容易变成最不自由的专制政府。社会如何分配权力才能实现和谐。这个问题困扰着一代又一代学者。亚当·斯密提出了"看不见的手"的理论，在一定程度上回答了这个问题。斯密认为，人与人之间存在着一些自发的和谐因素，这些因素使得即便是只考虑自己利益的个人也会彼此合作。斯密发现的这个因素，就是交易。尽管斯密本人并不认为市场社会是一个完全的和谐社会，但沿着这个方向，以后的经济学家建立起经济学思想体系。尤其是当代经济学，几乎只研究市场制度，超越市场制度的研究，似乎不再被人们当作经济学。

当代经济学认为，交易有帕累脱效率，只要人是追求个人欲望的满足的，同时产权制度又限制了人诉诸暴力去获得财富，交易就成为唯一自然的社会关系选择。但当代经济学又认为，市场制度是存在各种缺陷的，尤其是市场不能保证公平分配。这就需要政府在一定程度上参与进来。

在经济学框架内研究房地产问题，其内容是受经济学限制的，这个限制就是不能偏离市场研究。房地产经济学应该研究房地产市场的运行特征，评价房地产市场对改进社会福利的能力，以及房地产作为国民经济中的一个重要部门，其发展对国家宏观经济的影响。

专栏 2.1　经济学研究什么？

> 在重商主义时代，人们将经济研究重点放在社会财富的积累上面，当时的人们认为贸易是财富积累的源泉。但当时的人们并不知道贸易何以致富。亚当·斯密扭转了经济学研究的方向，斯密认为，归根到底是社会分工和交易制度的形成导致了收入的增长。指出分工大大提高了经济效率。总之，斯密开创性的研究使经济学由一门研究财富的理论变成了一门研究社会关系的理论：马克思曾经高度赞扬亚当·斯密的历史功绩：称斯密为经济学的马丁·路德。之后，穆勒等人又努力证明，交易制度对追求个人欲望满足来说是合理的制度，因为交易本身就可以增加效用。这样又将经济学由一门社会制度理论改造成心理学。

经济学区分微观经济学与宏观经济学，微观经济学研究市场制度及其缺陷，宏观经济学市场制度条件下国民财富的形成与变动。微观经济学研究的是市场制度模式，从某种意义上说，微观经济学就是经济学原理。宏观经济学则更像是研究一个具体社会问题，它是对市场制度在财富问题上的应用，或者说是在财富去研究中对市场制度效率的一种检验。宏观经济学是从总体与后果的角度对市场制度的再研究。这样一个研究框架大体也适合房地产研究，房地产微观经济学研究房地产市场的运行特点，以及这个市场的效率与缺陷；房地产本身又是一项重要的财富形式，当我们将房地产当作财富去研究的时候，这种研究可以称之为房地产宏观经济学。但将房地产微观与房地产宏观区分得过分明显是没有必要的，因为社会财富是彼此关联的，在宏观研究中，房地产很难与财富的其他形式机械地割裂开来。国民经济本身很难区分成各个产业分开来研究。房地产投资也是宏观经济学关注的社会投资的一个重要组成部分，研究宏观经济学离不开房地产研究，房地产宏观经济学毋宁说是被囊括在宏观经济学里面的。单独设立房地产宏观经济学是不可想象的。

专栏 2.2　房地产微观与房地产宏观

> 房地产经济学应该不应该区分房地产微观经济学与房地产宏观经济学是一个有争议的问题。有的房地产经济学教材，比如美国丹尼斯·迪帕斯奎尔与威廉·C·惠顿编写的《城市经济学与房地产市场》就认为房地产经济学可以按微观和宏观来划分。他们认为房地产微观经济学可以研究某一个物业或者某宗土地的使用、开发和定价问题，包括研究某一个地段的土地需求的确定，了解这个地段的最佳用途，研究住宅价格有地段的关系等。而总体的市场变动属于房地产宏观经济学。房地产宏观经济学可以通过对空间结构的提炼分析，研究住宅、土地或者写字楼物业的市场总体情况，并借助土地使用状况研究城市空间结构。大体而言，丹尼斯·迪帕斯奎尔与威廉·C·惠顿将微观研究与宏观研究的界限划分在局部与整体之间。这种划分当然也是一种值得关注的尝试。但笔者认为它多少偏离了经济学划分微观与宏观的本意。笔者认为，如果房地产经济学划分微观与宏观是必要的话，房地产微观经济学的研究重点应该只是房地产市场，而房地产宏观经济学应该研究房地产与国家宏观经济的关系。一个是市场背景下的房地产，一个是宏观没背景下的房地产。

经济学判断通常包含两类命题，一类是规范命题，一类是实证命题。前者称为规范经济学，后者成为实证经济学。房地产经济学既是一门规范经济学，又是一门实证经济学。说房地产经济学是规范经济学并不是说房地产经济学存在独立的规范研究领域，而是因为它所属的经济学本身的研究框架，就是被打上规范研究的烙印的。经济学从来就不是就市场研究市场，它研究的显然不是实际存在于各国经济生活中的市场制度，而是理论上理想化了的市场制度。这个理想就是社会福利的最大化。

房地产经济学同样不能脱离了社会福利函数来研究，因为住房问题可能是福利最重要的组成部分之一，没有住房，人就失去了最低限度的自由。任何房地产制度模式的讨论，都不可能脱离住房公平标准的检验。但从另一方面来说，房地产经济学主要是一门实证科学，住房制度不应该坐在书房里凭空构建，我们关注的重点，永远是实际的房地产市场是如何解决人们的住房问题的。

值得注意的是任何一项实证研究都不可能是完善的。不可能将问题的本质展露充分。实证研究严格地遵循经验，经验发展到哪里，理论就进展到那里，经验中碰到的矛盾，就是研究的重点。经验中没有发生的问题，研究也不可能获得进展，因为这种研究将得不到经验的检验。

我国实行住房制度改革以来，房价问题迅速成为社会关注的热点问题。毫无疑问，这个问题应该成为房地产经济学当前研究的核心问题。表 2-1 是 1995～2004 年上海商品住宅平均销售价格指数表。

房价问题对社会经济的影响主要表现在以下几个方面：

第一，房价在一段时间内上升过快会降低人们的实际生活水平。由于反映消费品价格

表 2-1 的标题与内容：

1995～2004 年上海商品住宅平均销售价格指数 表 2-1

年度	以 1995 年为 100	比上年上升幅度(%)	年度	以 1995 年为 100	比上年上升幅度(%)
1996	119.8	19.8	2001	147.7	10.0
1997	116.7	−2.5	2002	161.8	9.5
1998	122.2	4.7	2003	201.4	24.4
1999	125.2	2.5	2004	230.8	14.6
2000	134.3	7.3			

资料来源：《上海统计年鉴》，上海统计网。

变动的指数 CPI 一般不包括房地产资产价格，所以房价上升在 CPI 数据中通常反映不出来。但由于许多家庭购置房产的目的就是为了自己居住，所以房价上升实际上对家庭生活费用的影响非常之大。当一套住宅的价格上升至家庭年收入的 3～5 倍或者更多的时候，购房开支就会给家庭带来巨大的压力。如果一个家庭买下一套住宅并打算在 10 年之内付清购置费用的话，房价达到家庭年收入的 5 倍意味着这个家庭每年必须拿出其收入的 50％来付房费。而在一个市场经济国家的正常的状况下，住房开支只占家庭收入的 20％左右。一个在当代中国十分流行的词汇反映了这种压力，就是许多人将购买了住宅，然后被迫将自己收入的一大块用来支付银行贷款的人称之为"房奴"。

第二，房价的大起大落还会影响宏观经济的稳定。房价的起落当然会影响房产市场的交易规模，又由于房地产投资是一个社会最重要的投资形式，房地产价格过分剧烈的波动显然会对社会总供求关系产生重要的影响，甚至导致宏观经济波动。

特别值得注意的是，大多数东亚国家都处在经济迅速增长时期，这一时期的资本积累的速度特别快，资产价格也特别容易波动。房价波动以及由此带动的房地产投资的波动更容易影响宏观经济的稳定。日本、中国香港等地在 20 世纪 90 年代发生的所谓"泡沫"经济危机都说了这个道理。这些已有的教训对正在步入资本急剧积累的中国是一个重要的警示。

房地产经济学完全可以围绕着价格问题展开经济学研究，研究导致房价波动的市场条件，区分哪些是有助于资源优化利用的合理的价格变动，哪些是源于市场结构不合理的不健康的价格波动；研究消除市场价格过度活跃的经济政策。

2.2 房地产市场边界：物业类型与区域

研究房地产经济学通常要求先区分物业类型与明确研究区域。造成第一个必要性的原因是社会对这些物业本身的需求大不相同，这些不同的物业对物业依赖的经济条件的要求，比如区位的要求，也不相同。物业通常可以区分为居住物业与工业物业、商业物业、乡村物业与休闲物业等，也可以简单地划分为居住物业与非居住物业两类。我们看到，居住物业价格的波动对写字楼、厂房价格的波动就没有什么影响，居住物业规模的变化与写字楼、厂房的建设规模没有什么联系。两类物业的差别如此之大，以至于居住物业的承包商也很少从事商业物业的建造。不唯如此，居住物业与金融的关系，与市场中介机构的关系，与非居住物业相比也大相径庭。居住物业融资市场要比商业物业的融资市场大得多，在居住物业市场上，各种中介机构的数量也要多得多。居住物业还有一个很大的租赁市场。与此相比，非居住物业，比如商业物业的活动模式就要简单得多。因此在房地产经济研究中，将不同的物业简单而且明确地区分开来是必要的。我们之后讨论的房地产市场，也将就物业的不同进行划分，并分别予以讨论。

当然，物业的差别也不是绝对的。比如不同的物业对土地的依赖程度没有太大的不同，同一块土地既可以用来开发居住物业，也可以用来开发非居住物业，这使两者的价格也发生关联。所以有的时候，我们也将不同物业放在一起研究。

研究房地产还需要确定研究区域，就是房地产的空间聚合，或者房地产的地域范围。

土地进入房地产市场研究的理由是土地差别对房价的重要影响。如果只从市场出发构建房地产经济学研究框架，房地产市场首先可以被归入垄断竞争市场，因为生产者数量众多，同时产品差别十分明显。房地产市场有产品差别的特征，使它十分接近劳动市场，而不同于经济理论研究最多的产品市场。

大多数房地产经济研究从物业群或者社区开始，这种研究首先抓住房地产与土地的关联。研究土地与房地产关系的应该是城市经济学。可能是城市经济学比较成熟，它已有的研究思路影响着还在形成过程之中的房地产经济学。土地问题于是成为城市经济学与房地产经济学的一个共同关注的交集，也是房地产经济学可以借用城市经济学的研究成果的地方。但城市经济学与房地产经济学还有区别，城市经济学研究重点始终在土地问题上，它由对房地产选位的研究逐渐上升为对城市空间结构的研究。房地产经济学的落脚点应该是价格，土地只是说明价格的一个因素，房地产经济学可在这个基础上继续深入地研究房价决定的其余因素。

房地产区域可以用不同的范畴来界定，比如邻里或者社区、城镇、都市、省份甚至国家等。区域通常是城市经济学的研究单位，研究房地产需明确研究的单位应该是城市还是国家。

在城市经济学研究中，被限定的对象应该包括受到相同经济条件影响的所有的房地产项目。影响房地产发展的经济因素有些是在一个国家的范围之内是统一的，这些因素有利率、中央政府的宏观经济政策等；但有些因素在不同的地域之间差别很大，比如收入、就业状况、地方政府政策等。因此房地产研究有的时候可以选择国家为研究单位，有的时候可以选择某一个地域为研究单位。但严格地说，城市经济学通常选择城市为研究单位，但这个城市是以经济行为为基础确定的，而不是按照法律、政治或者历史对城市的认定来确立的。比如美国人口普查局（U. S. Census Bureau）确定的大都市统计区（MSA）就是如此。MSA 规定人口规模在 50000 以上，必须包括一个都市和邻近的县。必须有一些数据，比如人口密度、城市人口比例、非农业人口就业水平、城市与郊县之间的交通模式等，来反映这个统计单位的特征。这些因素都应该看成是能够影响房地产发展的重要因素。如果城市不足够大的话，城市内部的交通模式不应该成为问题，但城乡之间的交通方式却对房地产发展有重要影响。

在我国，研究房地产还很难超越行政区划，这可能是因为地方政府对房地产发展有比较大的影响。但无可否认的是，随着经济管理体制的不断变化，这些纯经济因素对房地产发展的作用会不断凸现，房地产研究的区域的划定将慢慢接近西方国家的习惯。

城市居民的流动问题是影响房地产研究区域划定的一个重要因素。如果居民在城市之间是充分流动的，那么不同城市之间的房地产就可能是彼此竞争的，在研究过程中就需要将不同城市列入同一个研究范围。如果居民在城市之间是不流动的，那么只有同一个城市内部的房地产才是彼此竞争的，研究范围也就可以简单地限定在一个城市。两种极端的情况都不太可能发生，这给房地产研究范围的确定带来一定的困难。一般情况下，居民在城市之间的流动是有限的，因此房地产研究习惯上将对象限定在一个城市。如果城市充分大，城市之内不同的区域和交通条件也会对房地产产生深刻的影响，但在房地产研究中这种因素有时看成是影响一个城市内部微观格局的因素，有时候我们可以在房地产微观的层面上研究这些问题，与研究一个国家房地产的所谓的房地产宏观经济学拉开适当的距离。

居民在各个城市之间的迁徙通常与其就业活动有关。我国近年来有大量农业劳动者流入城市，理论上会拉近各地区房地产之间的关系，因为进城农民会因为不同城市的房地产状况而选择不同的城市，不同城市的房地产市场的发展也会受到进城农民的选择的影响。但由于大多数进城农民没有能力在城市购置房产，所以房地产研究通常还没有对这部分因素予以足够的重视。但在我国，这种因素还在发育、成长，因为未来的几十年我国将处于急剧的城市化过程之中，而城市化的本质其实就是农民进城。

2.3　地块与房地产

房地产是一种差别产品，房地产价格因此也显得变幻莫测。

我们通常认为，我们购买一件物品的目的就是消费它，消费这件物品与其他消费活动没有什么关系。不仅如此，决定住宅消费的甚至还有与住宅本身无关的一系列因素。消费本是一项十分复杂的活动，在一项消费活动中，常常需要一系列东西融入其中。以消费汽车为例，我们所需要的，不是将汽车当作食品，而是为了从一个地方达到另一个地方，汽车只是我们达到目的的一个工具。在使用汽车的同时，不仅需要汽油、驾驶技术、好的心情，同时道路、适宜驾车远行的气候条件和交通警察的管理活动等，也都是缺一不可的。住宅也是这样的产品，我们对居住的需求除去住宅本身，还需包括许多其他商品和劳务，比如邻居、周围有没有好的学校、物业管理等。

因此，房地产价格差异取决于多种因素。首先是一些很容易被人们看清楚的因素，比如建筑规模、建筑质量、物业管理质量和住宅单元的属性。这里的属性指住宅是公寓还是独体别墅等。很明显，不同规模、质量的物业应该有不同的价格。这些因素的共同特点，应该是与建筑物的商品性质有关。其次是那些不那么直观的些因素，比如公共服务设施、社区环境等，这些因素同样左右着房价。这些因素与建筑物本身没有关系，不容易被人们直观地发现。这些因素的共同的一个特点就是与物业所处的位置有关。最后是那些完全不能被肉眼发现的因素，比如利率的变化、国民收入的增长、房地产交易的市场结构等。这些因素的共同特点是它们影响房地产交易的市场环境。显然，并不是所有这些因素都适合成为房地产经济学的研究对象。研究第一部分因素的应该是物业学，研究第二部分因素的应该是城市经济学，研究第三部分因素的才是比较典型的经济学。但严格地说，研究第三部分因素的就应该是投资学或者宏观经济学。考虑到要单独开辟一个房地产经济学研究领域，又考虑到这三部分因素彼此关联，共同左右着房价的波动，所以我们三部分内容适度地综合在一起也是合理的。

物业的价格与其所处的地块存在明显的相关联系。当我们将研究的范围限定在大都市，房地产市场研究首先要解决的问题就是在这个都市中的各项物业的价格是如何受地块的影响的。城市区位之所以重要是因为许多影响居住质量的因素都与土地的位置有关，这些决定地块优劣的因素包括：对外出活动的影响，比如对上下班时间的影响；公共服务质量，比如周边学校的教育质量，对地方警察对犯罪行为的控制能力；自然或者人为的环境，比如空气质量，植物栽培状况，建筑景观；人文环境，比如周围居民的民族特征、受教育程度等。几乎所有的家庭或者企业都注重房地产在城市所处的位置，家庭和企业对位置价值的判断决定了物业的价格。而且这种影响力非常之强，研究城市区位经济学的经济学家发现，不同地块之间物业价格差别关系总是非常稳定，物业的价格会随宏观经济的变化不断发生变化，但它们之间的相对价格却是不容易改变的。

表 2-2 是一份十分有意思的材料，出自美国丹尼斯·迪帕斯奎尔与威廉·C·惠顿所著《城市经济学与房地产市场》，它列举了美国波士顿地区中学教学质量与房地产价格的数据，可用来说明学校服务质量对住宅价格可能拥有比我们能想象的更大的影响。

1990 年美国波士顿地区住宅与学生测验成绩　　　　　表 2-2

	住宅价格（美元）	12 年级学生平均测验成绩
布鲁克莱恩（Brookline）	377800	1430
韦尔斯利（Wellesley）	349500	1437.5
贝尔蒙特（Belmont）	307800	1455
牛顿（Newton）	293400	1435
列克星顿（Lexington）	282800	1525
剑桥（Cambridge）	263800	1222.5
马布尔黑德（Marblehead）	257200	1395
尼德汉姆（Needham）	256500	1470
罗克波特（Rockport）	227500	1445
米尔顿（Milton）	219600	1315
阿灵顿（Arlington）	209200	1375
雷丁（Reading）	204100	1347.5
沃特顿（Watertown）	196700	1280
斯托那汉姆（Stoneham）	194900	1292.5
沃尔瑟汉姆（Watertown）	191100	1267.5
伯灵顿（Burlington）	191100	1350
韦克菲尔德（Wakefield）	190600	1282.5
弗雷明汉姆（Framingham）	184700	1415
梅德福（Medford）	182400	1207.5
沙伦（Sharon）	182100	1427.5
戴德汉姆（Dedham）	177500	1327.5
皮博迪（Peabody）	177100	1270
伊普斯威奇（Ipswich）	174000	1415
沃本（Woburn）	172600	1247.5
布伦特里（Braintree）	168700	1387.5
萨穆维尔（Somerville）	165800	1155
霍普金顿（Hopkinton）	163200	1265
莫尔顿（Malden）	162900	1207.5
波士顿（Boston）	161400	1180
昆西（Quincy）	161100	1295
里维尔（Revere）	160500	1212.5
兰多夫（Randolph）	155500	1297.5

资料来源：转引自（美）丹尼斯·迪帕斯奎尔、威廉·C·惠顿《城市经济学与房地产市场》，经济科学出版社 2002 年版。

与居住物业相仿，非居住物业同样受地块条件的影响，比如零售商业物业的租金和资产价格受人流的影响比较大，而写字楼的租金和资产价格则对交通条件有明显的依赖。

不同地块相对价格的稳定首先可能是因为决定这些地块优劣的条件不容易改变，这里部分的原因可能是土地本身就是永远固定的，土地不可能改变自己的自然位置；部分原因是影响土地优劣的各种条件，比如建筑状况、公共设施、居民特点等也不大可能在比较短的时间里发生巨大的变化。其次是人们对地块价值的评价也相当稳定，一旦某地区被人们确定为城市的高档住宅区，这块地块在人们心目中的地位会在很长时间内保持不变。大都市物业相对价格的稳定还可能与大都市房地产流动性比较强的特点有关。流动性强会激发购置者的"套利"活动，就是购置者追逐投资回报的竞争。大家都希望谋取高回报，导致等量投资只能获得等量的回报。由于同类房宅的租金不可能拉开巨大的差距，这又使得同类住宅的价格大大接近，从而使某一特定地块上的物业价格变得彼此差不多，不因自身原因而变动，使得这些住宅的相对价格变得稳定。

实际上，城市区位理论认为，只有两种情况会改变城市物业的相对价格。第一种情况是某些因素导致人们对物业价值的评价发生了变化。比如汽油价格的上升使得人们更加青睐交通更加便捷的地区，家庭结构的改变使人们开始对小房型住宅产生兴趣等。这种变化通常不会经常发生。第二种情况是物业的性质突然发生了变化，比较明显的情况是建筑物的性质发生了变化，比如原来的居民住宅被改建为商业用房。有的时候邻近地块的变化也会影响物业的价格，比如兴建高架路或者地铁改变了物业所处地区的交通条件等。

土地不仅影响房价，有时候也影响物业类型的选择。比如有的土地被利用开发普通住宅，有的土地被利用开发商业用房。房地产经济学不仅应该研究城市位置对房价的影响，有时也可以研究房价反过来对房地产开发计划的影响。比如，土地的高密度使用可以提高房价，反过来高房价也会促使土地使用密度的提高。这说明土地与房价的关系是相互的。

总之，将地块与房地产联系在一起，有助于我们理解城市与城市布局是如何形成的。理解为什么在城市某些地区，比如闹市区或者自然环境比较优美的地区居住密度会比较高？理解中央商务区是怎么形成的？为什么物业价格与居住密度会随着城市发展而不断提高？为什么有的郊区适合发展房地产，而有的地区房地产就是发展不起来？如此等等。

一个值得思考的问题是：是不是所有影响房地产价格与类型的因素都可以与地块结合在一起？回答当然是肯定的。我们首先会注意到一个国家或者一个地区的宏观经济参数。当这些数据发生变化的时候，房价总体会发生变化，但一般来说，相对价格会保持稳定。

2.4 影响房地产价格的经济因素

除了建筑物本身与建筑物所处的地块，社会经济条件对房地产也有着重要的影响，这种影响往往不是一时的，而是长期的，甚至可以说是深远的。从实证科学研究的角度看，我们可以将某些经济数据与房地产价格的变化联系起来分析。由于这些因素一般不会影响某一栋住宅或者某一地块上的住宅价格，而是对整个地区甚至一个国家的住宅价格都产生影响，所以这里的房价取社会总体的房价水平，也就是取平均的市场价格和租金。考虑到市场并不总是处于出清状态的，所以成交量和空置率有时也是需要考虑的重要指标。一般来说，两栋建筑物价格的区别可以看成建筑物品质不同带来的结果。两个不同地块的房价的区别可以看成与区位相关的一系列品质差别带来的结果。一个地区或者一个国家房价随时间序列的变化，可以看成是这里所讲的社会经济条件作用的结果。

求取房地产的平均价格或者租金看似简单，实际非常复杂。我们经常会发现由计算的口径的不一样而对价格变化完全不同的评价。平均价格的计算口径由计算者的不同需要和获取数据的不同方法而呈现出丰富多样。比如地方政府会以可供出租的公寓样本的的定期调查来确定市区租金的变化。物业代理公司会根据经验确定一个正常的物业空置率的标准，来分析实际空置率与判断房地产的市场供求状况。银行可以借助购房贷款的数据来分析房地产交易状况等。有时候房地产分析师也用房地产价格指数来代替平均价格。

房地产经济分析用得最多的指标之一是房价或者租金价格的历史变动，不难发现，房价或者租金价格的变化与收入变化之间有密切的联系，如表2-3所示。

2000 年到 2004 年上海商品房期房价格 表 2-3

年份	上海商品房期房平均价格（元/m²）	期房价格年上升率（%）	上海 GDP 产值（亿元）	GDP 年增长率（%）
2000	3834		4551.15	
2001	4308	12.4	4950.84	8.8
2002	4963	15.2	5408.76	9.2
2003	5717	15.2	6250.81	15.6
2004	6552	14.6	7450.27	19.1

数据来源：石磊主编《上海的房子——解读上海房产》，上海大学出版社 2005 年出版；相关年份的上海统计年鉴。

从表2-3的数据看，这几年上海的房价变化与国民收入的变化都处于急剧的增长过程中，房价上升了70.1%，国民收入也增长了63.7%，两者的增长步伐略有差异，但可认为基本上是保持同步的。

房价与宏观经济数据的联系是相当稳固的。房价有时候就像一个晴雨表，体现着国民经济气候的变化。迪帕斯奎尔与惠顿的研究发现，在从 1974～1982 年的经济衰退时期，美国波士顿与达拉斯的住宅价格都处于下跌的过程之中，表明房价是明显受经济形势变动影响的。20 世纪 70 年代后期石油需求强劲上升，作为重要产油地的得克萨斯州首府的达拉斯的住宅价格也出现了上涨，而波士顿的房价却维持不变。20 世纪 80 年代，技术行业出现了繁荣，作为美国学术重镇的波士顿的房价就开始上涨，而当时石油价格的下跌使得达拉斯的房价下跌。

利率变动对房价也有深刻的影响。20 世纪 90 年代以来，美国的房价出现了普遍的上升趋势，一般认为，这是联邦储蓄银行在这一时期实行的利率政策的结果。

迪帕斯奎尔与惠顿认为，大都市房地产价格变动存在三项明显的特征。

首先，房价与宏观经济关系相当紧密，宏观经济数据变动会影响房地产价格，同样，房地产价格变动也会反过来对宏观供求关系产生深刻的影响。

其次，一个地区的房地产业发展水平从短期看，由国家宏观经济形势以及本地区企业发展水平、市场竞争条件等因素决定，从长期看，人口和生活方式对此也有重要的影响。短期内，各个地区的房价往往同起同落，所以没有"套利"的机会比人们想象得要小。

最后，由于住宅的不可移动性和其他一些因素，房地产市场对宏观经济变动的适应能力通常不强，房地产开发商缓慢的调整会导致暂时的平衡，由此会激发宏观经济周期性循环。

专栏 2.3 影响房价的其他经济因素

除了收入、利率这样一些著名的宏观经济数据会影响房价，一些不太明显的宏观经济数据也会影响房价。比如收入分化状况就是一个重要因素。

有人统计了我国近年来的房价收入比，发现这个数值其实在降低。1990～2004 年中国房价收入比的曲线图，结论"可能让人们惊讶。"房价收入比是呈下降趋势的。从1998～2004 年，住宅均价累计增长了 43%；而居民可支配收入累计增长了 72%；存款余额累计增长了 158%，居民平均财富增长远远高于住宅均价增长。那么，为什么居民普遍反映买不起房？问题的症结就在于我们看到的房价收入比是个"平均数"，掩盖了居民收入差异较大引发的买房能力差异。事实是 20% 的富人买走大部分房产。反映我国城市居民收入差距的基尼系数已达到 0.4 左右。城市收入最低的 1/5 的居民只拥有全部收入的 2.75%，仅为收入最高 1/5 的居民人收入的 4.6%。也就是说，最富有的 20% 的人差不多占有全部收入的一半。而越富有的人，越买得起房，可以推论 20% 的富人占据住宅需求恐怕远不止半壁江山。

不管怎么说，我国城市近年来房价收入比显著失调总是一个需要解释的问题。对这个问题另一个有趣的解释是我国城市实行了几十年的生育政策。2006 年 8 月 7 日《经济观察报》署名孙立平的一篇文章分析了北京市的购房者结构，发现 25～28 岁的青年人是北京购房的中坚力量。根据对部分居民的了解，作者认为可以肯定两点：第一，他们购房主要是为了结婚安家；第二，即使有按揭贷款，这部分人中间的大多数也不具备购房的经济实力。实际上，他们形成了这样一种标准的购房模式：首付由一方或者双方的家长承担，小两口承担支付按揭。有的小两口连按揭也承受不起，必须再靠一方或者双方父母提供帮助。这样就有了我国社会中一种特有的购房模式，即三个家庭或者六个劳动者在共同购买一套住宅。正是这个因素，使得平常我们使用的收入房价比彻底失去了意义。如果将这个因素引入收入房价比，我们就应该在收入后面乘以 2 或者 3，有趣的是这样调整后的收入房价比与国外的数据基本相同。过高的房价实际上抽干了家庭自酬的养老积蓄，长此以往，必定产生严重的社会后果。房产热已经演化为一种社会的再分配，这种财富的再分配不仅发生在共时性的横向关系上，也正在影响历时性的纵向关系上。

物业空置率是衡量房地产市场状况的一个重要指标，当房价表现出一定黏性特征的时候，物业空置率指标直接反映房地产市场供求关系的变化，有时也间接地反映着总体供求关系的变化。

专栏 2.4 我国的物业空置率

2005 年，房产空置率问题突然成为房地产行业的一个热门话题。

据国家统计局数据显示，10 月末，全国商品房空置面积 1.12 亿 m^2，其中商品住宅空置面积 6204 万 m^2，商业房地产空置面积上半年也达 2878 万 m^2。全国空置率已达到 26%。按照国际通行惯例，空置率在 5%～10% 之间为住宅供求平衡；空置率在 10%～20% 之间为空置危险区，空置率在 20% 以上为严重积压，国家应该采取强制措施，使商品房空置率降下来，否则将给国民经济发展带来一系列的严重问题。

2005 年之前，国内房地产投资一直保持了近 30％的快速增长势头，商品房销售价格一路攀升，商品房空置面积总量曾一度明显下降。然而，从 2005 年 5 月始，居民住房消费预期有所改变，市场购买力萎缩，致使商品房空置面积有所增加。其中空置一年以上的超过 50％，占压资金超过 2500 亿元。

造成商品房空置率大幅上升的首要原因是房价始终保持上涨态势，过高的房价抑制了城镇居民对商品房的需求。

那么，为什么价格不能对供求关系进行有效的调节呢？关键在房地产企业，当房地产企业取得高价位的土地后，为了确保其自身利润的获得，势必会把在招拍挂过程中抬升了的地价成本转嫁到购房者的身上，为此他们需要竭尽全力去抬升房价，并且设法使一些专家学者也一道造声势。开发商越是对预期房价能否上升心中没底，越要坚持涨价，诱使尚在观望之中的消费者购房。如果销售不动，开发商也宁肯让它闲置着，因为一旦降价出售，亏本会立即显现，这对以后再获得银行贷款不利。正是由于以上的原因，才有了这种"空置与价格虚高"并存的奇特现象。只是，一旦商业银行意识到其信用风险，并痛下决心采取有效措施来规避这种风险之后，这种非理性的房地产繁荣现象就延续不下去了。

2.5　影响房地产价格的市场条件

在研究了物业本身的特点，物业所处的地块的特点，以及影响物业价格的宏观经济条件之后，房地产价格的决定机制好像已经被我们解释清楚了，但实际上还有一个重要问题我们还不清楚，这就是房地产交易过程对房地产价格的影响。

很明显，房地产市场不是一个完全竞争的市场，由于许多复杂的原因，这个市场存在垄断和垄断利润。这个市场特定的垄断结构对价格也有着重要的影响。

专栏 2.5　收入与建筑成本不是我国近年来房价大涨的原因

国务院发展研究中心 2006 年的一份报告指出，导致近两年来我国商品房销售大幅度提升的主要因素来自工程造价之外的其他因素，而需求不是价格上升的决定性因素。工程造价虽然在价格构成中比例很高，但对商品房价格上涨的影响较小。从 2000～2004 年，商品房价格上升了 30％，土地成本上升了 50％，工程造价上升了 20％，利润与销售费用等提高了 30％，土地成本与其他费用的上升速度远远超过了工程造价的涨幅。与此同时，供求关系也并非商品房加工上升的决定性因素，这份报告说，1996 年以来，我国住宅与非住宅商品房当年实际销售面积均低于竣工面积，即使不考虑以前未出售的商品房，每年也都有大量竣工后的商品房处于空置状态。因此，从全国的范围看，商品房需求并非商品房销售价格上升的决定性因素。

如果价格上升不是需求引起的，也不是建筑成本引起的，就应该考虑影响价格的其他因素，包括利率，也包括模型表现不出来的市场结构问题，而市场结构可能正好是涉猎房地产的经济学家最应该关心的问题。

经济学原理认为，产品的竞争价格应该就是产品可能的最低成本，这个价格中也不能包括厂商的利润。如果一种产品的价格远远偏离的它最低生产成本，我们可以肯定这个行业存在垄断。我国近年来的房地产市场是一个存在垄断的市场，一个明显的理由就是这个市场存在垄断利润。而且近年来我国城市房地产价格增长过速，很可能是因为开发商的垄断利润起了推波助澜的作用。

表 2-4 统计表明，2004 年上海房地产业的主营业务利润率高达 16.4%，在全市各产业中排名第三，仅次于烟草制品业和金融业，比全市工业和第三次产业的平均主营业务利润率（7.2%）高出 9.2 个百分点。有点奇怪的是 2004 年上海房地产业的权益利润率仅为10.2%，在表中所列 36 个产业中位列第 24 位，比当年全市工业和第三次产业的平均权益利润率（11.6%）低 1.4 个百分点。所有者权益显示的是企业投资人对企业净资产的所有权。企业净资产等于企业全部资产减去全部负债后的余额，包括企业投资人对企业的最初投入的实际到位的资产及资本公积金、盈余公积金和未分配利润。因此，权益利润率可看作是企业净资产的盈利能力。照此理解，上海房地产业的净资产盈利能力实际上还低于全市平均水平，对这个问题的解释是房地产利润有相当大一部分流入银行或者其他部门。这份材料或许可以给我们一个提示，就是房地产业是一个许多部门联手经营共谋垄断收益的部门。

2004 年上海主要产业的经济效益指标　　　　　　　　表 2-4

	所有者权益（亿元）	主营业务收入（亿元）	利润总额（亿元）	主营业务利润率（%）	权益利润率（%）
农副食品加工业	38.3	170.1	0.04	0.02	0.1
食品制造业	98.3	223.6	7.3	3.3	7.4
饮料制造业	46.4	99.6	5.9	5.9	12.7
烟草制品业	325.7	189.9	72.5	38.2	22.3
纺织业	168.2	392.8	11.7	3.0	7.0
纺织服装、鞋、帽制造业	103.4	359.8	14.2	3.9	13.7
皮革、毛皮、羽毛(绒)及其制品业	24.4	108.2	5.6	5.2	23.0
木材加工及木、竹、藤、棕、草制品业	45.7	100.4	3.2	3.2	7.0
家具制造业	35.0	138.2	8.9	6.4	25.4
造纸及纸制品业	57.7	140.0	3.9	2.8	6.8
印刷业和记录媒介的复制	91.2	148.5	13.8	9.3	15.1
文教体育用品制造业	47.0	140.4	4.2	3.0	8.9
石油加工、炼焦及核燃料加工业	294.4	676.9	52.1	7.7	17.7
化学原料及化学制品制造业	425.3	819.9	51.4	6.3	12.1
医药制造业	146.3	217.8	16.2	7.4	11.1
化学纤维制造业	50.3	75.5	4.1	5.4	8.2
橡胶制品业	62.8	141.6	5.6	4.0	8.9
塑料制品业	171.2	366.8	17.6	4.8	10.3
非金属矿物制品业	205.1	370.4	22.9	6.2	11.2
黑色金属冶炼及压延加工业	687.3	1090.4	166.5	15.3	24.2

	所有者权益 （亿元）	主营业务收入 （亿元）	利润总额 （亿元）	主营业务 利润率（%）	权益利润率 （%）
有色金属冶炼及压延加工业	54.6	243.8	8.3	3.4	15.2
金属制品业	218.0	626.5	42.0	6.7	19.3
通用设备制造业	420.1	1056.0	75.4	7.1	17.9
专用设备制造业	187.5	422.7	18.9	4.4	10.1
交通运输设备制造业	825.5	1589.8	195.1	12.3	23.6
电气机械及器材制造业	352.8	950.1	71.4	7.5	20.2
通信设备、计算机及其他电子设备制造业	788.7	3424.3	88.5	2.6	11.2
仪器仪表及文化、办公用机械制造业	101.0	281.1	22.8	8.1	22.6
工艺品及其他制造业	33.6	92.7	5.4	5.8	16.1
电力、燃气及水的生产和供应业	959.8	573.3	31.8	5.5	3.3
电力、热力的生产和供应业	787.7	486.3	31.5	6.5	4.0
房地产业	4128.0	2579.5	422.7	16.4	10.2
批发和零售业	3311.6	18961.1	462.1	2.4	14.0
交通运输、仓储和邮政	1705.3	2029.9	245.4	12.1	14.4
住宿和餐饮	210.0	336.7	13.8	4.1	6.6
金融业	768.5	1754.2	299.5	17.0	39.0

资料来源：上海市统计局《上海市第一次经济普查主要数据公报》。

　　垄断是一个涉及许多因素的复杂现象，从理论上讲，厂商垄断利润的原因有产品差别，垄断了某种特殊的投入要素，从政府获得了某种特许经营权利，和为降低成本而自发形成的自然垄断。在我国的房地产业中，第一个因素表现为上述的物业差别与地块差别。第四个因素不成立，因为我国房地产开发商数量众多，市场集中度非常之低。第二个因素依旧是土地问题，土地属于不可再生的稀缺资源，房地产开发商从国家获得土地使用权的方式会在很大程度上影响这个市场的结构。第三个因素也是特别值得研究的因素，我国房地产业的发展受到了特别多的政府关照，其中必定会有些政策参与市场形成。

　　我国房地产市场近年来还有一些问题值得注意。一是购买方也存在垄断问题。

专栏 2.6　购买方的垄断

　　在近年来房地产业高速增长过程中，不少投机行为是通过投机者之间的串谋达成的，如著名的"温州炒房团"的某些投机行为以及房产开发商之间的价格同盟就是明显的例证。"炒房团"涉嫌串谋的炒房手法是：首先，集中购买某一地域 甚至是某一楼盘的房产；其次，在办理完交易手续后，私下约定卖出价格的上涨幅度和挂牌时间，经有关房产经纪公司中介，同时挂牌转售。显然，如果若干投机者凭借对某处房产的大量拥有，通过相互约定的方式，控制该处房产的卖出价格，那就是涉嫌垄断的串谋行为了。对此，尽管目前我国尚未颁布反垄断法，但是从维护上海房地产市场的有效竞争的立场出发，上海市政府必须引起高度的重视，并充分利用现行各项法律法规所赋予的权力，对这种串谋行为予以规制。

　　这种情况表明，房地产在许多城市已经发展成为富人敛财的一种手段。

二是房地产开发商之间的勾结。为了防止价格出现超过预期的下跌，房地产开发企业通过会议或私下约定的途径，联合控制待售房产数量和价格。

从反垄断的角度来说，串谋从来就是政府必须规制的重点问题。串谋主要分为两种：一是公开的横向串谋，其主要是指同一产业内的卖者之间通过协议、约定等形式，共同确定价格、产量，分配市场，阻止进入以及其他排斥竞争对手的诸多行为。二是暗中的横向串谋，其主要是指在寡占市场上，卖者之间因其"相互依存性（mutual interdependence)"，即使没有任何串谋或明确的协议，也可由这种相互依存性所导致的暗中默契，达到非常接近垄断水平的价格产量组合或其他使其获得最大利润的垄断状态。由于这一垄断行为往往缺乏足够的证据，因此在各国反垄断政策中，对暗中串谋的认定往往规定了相当复杂的条件。

II

城市土地：租金与价格

3 城市土地与租金

本章要点

（1）在一个单一中心和住宅属性、住宅密度相同的城市，房地产租金受土地位置的影响，距离城市中心越近的住宅租金越高，这种有差别的租金称之为房地产位置租金，房地产位置租金应该等于被节约的交通费用。

（2）房地产租金由被节约的交通费用、损失的耕种收益和建筑成本组成，他们分别被称之为位置租金、农用租金和建筑租金。

（3）人口、住宅密度等因素影响城市的规模，人口增加使城市边界向外扩张，密度增加则使城市边界收缩。在一片空旷的原野上建筑城市理论上应该是一个同心圆，城市复杂的地形会打破城市住宅的这种布局。

（4）消费者偏好的不同有时会导致城市分化。

（5）资金向价格转化主要受利率的影响。租金价格比也称资本化率，如果城市不扩张，房地产的资本化率就是市场利率。如果城市不断向外扩张，资本化率将小于利率。并且城市中心地区与边缘地区的租金增长率是不相同的，这使两者的资本化率也不同。

本教材研究城市的房地产价格，农村房地产将暂时离开我们的视野。房地产价格决定理论不区分城市和农村，农村的住宅土地的使用模式与城市本质上是一样的，一个村落其实就是一个小型化的城市。由于城市的规模比村落大得多，所以选择城市作为研究对象更能发现房地产价格决定的一般规律。

3.1 城市交通与李嘉图租金

人们将自己安置在城市的哪一块土地上，涉及人们在城市的生存活动。换句话说，涉及城市作为一种社会产物的功能。这是一个非常复杂的问题，历史上，人们聚集在一起构筑城市的目的是多种多样的，有的历史学家认为，城市起源于防卫的需要。有的历史学家认为，人们最早建筑城市是出于宗教目的。不管怎么说，到了近代，有两个因素促进了城市的以空前的速度和规模向前发展，一个因素是频繁的商业活动，一个因素是生产活动中规模经济。很明显，居民聚集在一起，有助于这两个商业活动与讲究规模效益的工业经济的发展。

如果城市规模足够大，以至于一个城市的商业活动和工业活动只能集中在城市的中心位置而不是弥漫于整个城区，由此决定了这个中心就是城市的就业地带，这种只有一个就业地的城市被称为单中心城市，它是阿朗索（Alonso，1964）、米尔斯（Mills，1972）和穆特（Muth，1969）用来分析城市经济学的标准城市模型。我们再假定城市内部的交通工具完全没有差别，比如，徒步是交通的唯一方式。则一块土地价值就仅仅取决于这块土地到城市中心的距离。

土地不像粮食、石油、汽车，它是一种差别极大的物品，在市场上交易的所有物品的排序中，土地几乎可列于差别产品的顶端，可被定义为完全差别物品。有时候我们几乎认为每一块城市土地的价值都是区别他者的。决定土地差异的因素当然很多，但土地与中心城市的位置确实起了非常重要的作用，比如东京市中心的土地价格比它郊区的价格贵了 1000 多倍。

经济学家很早就注意到与土地相关的产品价格会受土地价值差异的影响，他们主张用某种补偿理论解释这种产品价格的决定。在城市房地产价格决定分析中，第一个使用这种补偿理论的是 19 世纪著名经济学家大卫·李嘉图。我们称这个理论为李嘉图租金理论（Ricardo Rent）。

可用一个简单的模型来表达李嘉图的租金决定理论。假设的前提是：

第一，就业中心是唯一的，交通工具也是没有分别的，人们从居住地达到就业地的交通路线都是直线。

第二，家庭情况都相同，每个家庭的上班者数量是固定的，家庭收入用于交通费、住房消费和其他消费开支。

第三，住宅供给量固定，所有的住宅在规格与质量上都一样，彼此没有差别，造成住宅差别的因素只有它们在城市的不同位置。

第四，每一套住宅使用土地的情况也完全相同，也就是说，住宅不存在密度上的差异。同时，住宅成本只包括土地成本与建筑成本，而每一套住宅的建筑成本也是完全一样的。

第五，在土地市场上，土地出售给开价最高的开发商，土地配置体现土地占有者租金最大化原则。

用 d 表示土地离城市中心的距离，k 表示单位距离的交通费用，x 表示家庭的其他开支，y 表示家庭收入。我们就有公式

$$y = kd + x \tag{3-1}$$

从公式（3-1）可以看出，使家庭消费最大化的条件是令土地距离城市中心的路程 d 为 0。因为

$$x = y - kd \tag{3-2}$$

x 对 k 求导，导数等于 d。x 最大的条件是 $d = 0$。

这就是说处于中心地区的住宅可以令交通费用为 0，同时使家庭的消费最大。这就解释了为什么在不考虑土地租金的条件下，人们都希望在城市中心购置房产。

问题是城市中心的土地数量是有限的，大量人口涌入城市导致越来越多的家庭不得不到偏离中心的地方去购置房产。为了避免无谓的争夺，市场必须使在城市中心居住的家庭与在偏离中心的地带居住的家庭的消费应该是一样的，实现这一目的的唯一可行的做法就是居住在中心地区的家庭必须支付租金，以补偿其他家庭的交通费用的损失。我们知道，市场竞争可以导致这样的结果，当大家都希望在城市中心安家的时候，中心地区的房地产租金就会涨价，一直涨到租金正好补偿在偏离中心地区安家的家庭的交通费用的时候为止。在这种推理中，城市中心地区土地的租金就应该等于居住在这个地区的家庭节省下来的交通费用。用 R 表示租金收入，用 b 表示城市从边缘到城市中心的距离，就有

$$R = k(b - d) \tag{3-3}$$

其中，kb 是城市边缘到城市中心的交通费用，其余地块的交通费用随地块距离中心城区的路程不断增加而不断提高，除了最边缘的土地没有租金，其余土地的租金就沿着相

反的方向不断增加。

用式（3-3）解释的租金只是与房地产位置引起的租金，房地产租金还应该包括其他内容。即使最边缘地区的土地不需要支付租金，使用这些地区的房地产还是需要支付价格的，这种价格就由住宅的建筑成本决定。其余土地上的房地产当然也有建筑成本，所以它们的价格应该是建筑成本由土地位置决定的级差租金。

在这个分析中，城市最边缘地区的土地濒临放弃，在理论上应该是不需要租金的。但土地除了可供城市居民居住之外，也可供农民耕种，除了某些特殊的场合，比如打下来的粮食要运送到城市去销售之外，用于耕种的土地与城市中心的关系不是那么密切，所以这里不适用讨论的租金理论。但耕种也使土地获得了使用价值，因此最边缘地区的土地的租金可以由放弃耕种而导致的耕种收益来确定。由此可见，城市房地产租金应该由三块构成，如图3-1所示。

第一，土地的耕种收益。即农民在土地收获粮食的收入减去非土地租金的耕种成本。

第二，建筑成本。

第三，由交通费用引起的呈阶梯型不断递增的土地租金，我们可以称它为位置租金。

根据这种分析，我们也可以发现农用土地转化为建筑用地的界限。如果用于建筑造就的地租高于耕种收益，农地就有可能转化为城市用地。

设土地的农用收益为 r，建筑成本的折旧值为 c，d 为城市最边缘地区离城市中心的距离，b 为所在地块离城市中心的实际距离。我们有

$$R = r_0 + (b-d)k + c \qquad (3-4)$$

通常住宅是论套计算的，而土地的耕种收益是按单位面积计算的，为了将两者统一起来，可引入住宅密度的概念。设一套住宅所占用的土地面积为 q，$1/q$ 就是住宅密度。在 $(b-d)k+c$ 项上乘上 $1/q$，就是房地产单位面积的位置租金与建筑租金，加上单位土地的农用租金，就是单位面积房地产的租金价格。令 r 为单位面积房地产的租金价格，有

$$r = r_0 + [(b-d)k + c]/q \qquad (3-5)$$

住宅密度是一个非常重要的概念，为了节约租金，家庭有时会倾向购买密度高的房地产，如果同一地块上建筑密度提高，意味着租金率降低。在图3-1上，房地产密度的改变将导致位置租金的曲线的斜率发生变化，密度提高，将使这条曲线斜率绝对值变小，反之则变大，如图3-2所示。

公式（3-5）表明，在简单模型中，房地产租金取决于土地农用收益率、城市大小、住宅离城市中心的距离、单位路程的交通费用、住宅建筑成本和建筑密度。

城市周边地区的农业收益越高，城市租金率也越高。土地农业收益是房地产的机会成本。建筑成本也会提高房地产租金率，因为建筑费用的上升也提高了住宅的折旧费。建筑密度对租金的影响正好相反，密度越高，租金率越低，密度越低，则租金率越高。上述这三项因素对所有的房地产的影响都是一样的。住宅离城市中心的距离是决定房地产租金差别的唯一因素。住宅离城市中心越远，租金率越低，离开城市中心越近，租金率越高。还要注意，距离的远近又要受到两个因素的影响。一个因素是城市的总体规模。城市规模越大，则边缘地区距离城市中心越远，城市总体交通费用也越高，这就提高了整个城市的租金水平。反之亦然。二是交通工具的效率。我们假定交通工具效率的提高可以降低单位路程的交通成本，则交通工具效率越高，城市总体的租金水平就越低。交通条件的优劣不仅

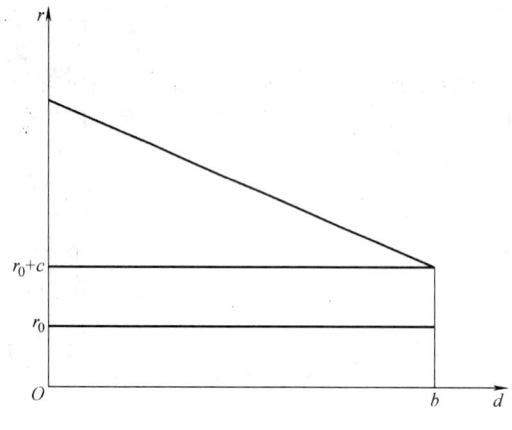

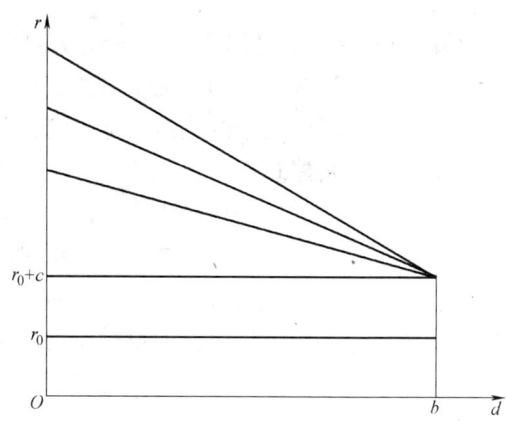

图 3-1　城市房地产的租金价格构成　　　　图 3-2　住宅密度变化对城市房地产租金的影响

体现在节约交通费用上，其实，在生活中更为我们看重的是它能否节约时间，与金钱一样，时间也是我们在生活中苦苦追求的一种价值。由于我们不可能在一个简单的模型中将时间价值转换成金钱，所以只能暂时略去判断交通条件优劣的这一项指标。

这当然是一个十分粗略的模型，用它揭示出来的道理我们凭借日常生活经验可以轻易得知。但这不妨碍我们将这个模型当作分析房地产租金率的基准模型，在这个基准模型的基础上，通过不断地修改假设条件，推理房地产租金形成各种复杂形态。经济研究就本质来说是一种对经验现象的归纳，只有将纷繁复杂的现象理出一个头绪来，我们才有可能理性地把握这一现象。建构经济模型的目的，仅在于此。

3.2　城市规模：人口、地形

在式（3-5）中，b 表现城市边缘地区离城市中心的路程。b 的数值实际上也就表现了城市的空间规模。如基准公式所示，b 的大小对总体租金水平的形成有重大影响，b 越大，城市房地产租金的总体水平就会提高，反之亦然。那么，数值 b 又是如何决定的呢？影响 b 主要的因素有三个，就是城市的人口规模、住宅密度和城市地形。

很明显，一个城市的人口越多，城市的空间规模也应该越大。

用 n 表示人口数量，我们有

$$b = nq \tag{3-6}$$

人口的居住密度正好起了相反的作用，居住密度越大，城市的空间规模越小，居住密度越小，城市空间规模越大。

从式（3-6）我们可以看到，反映住宅占地的数值 q 影响城市规模，如果 q 变小，则城市半径 b 也将收缩，这使得交通费用的总体水平下降，从而使房地产租金下降。另一方面住宅密度变大也使得单位住宅的土地成本下降，使租金率继续下降，如图 3-3 所示。可见密度对住宅租金有多么深刻的影响，房地产开发商经常不得不提高建筑密度来迎合消费者降低租金的要求。

一个城市的房地产租金取决于城市的规模，而城市的规模又与人口有着密切的关系。租金的变动常常是人口变动的结果。在李嘉图租金理论中，城市的租金史很大程度上是一部人口变动史。

图 3-4 所示为租金随城市人口增加而不断上升的关系。一个有意思的现象是处于城市边缘地区的租金上升的速度会高于邻近城市中心的地带，因为前者租金起点低，增加量导致比较高的增长百分比；后者租金起点高，同一增加量导致比较低的增长百分比。

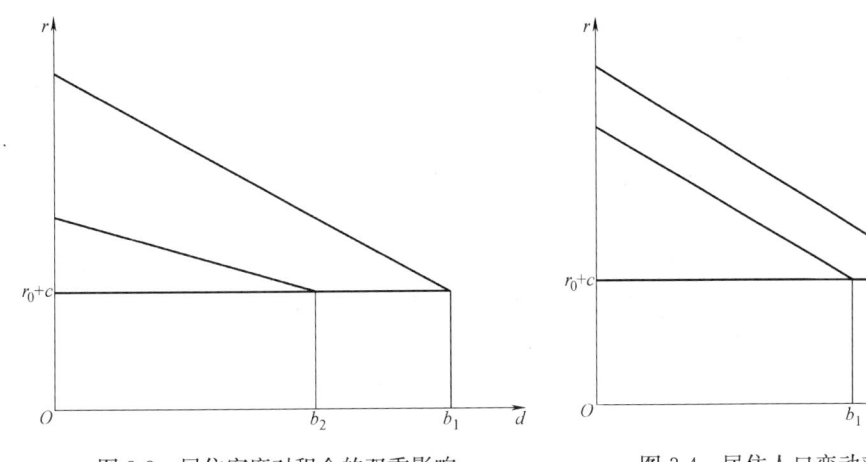

图 3-3　居住密度对租金的双重影响　　　图 3-4　居住人口变动对租金的影响

除了人口与居住密度之外，城市地形对城市的空间形状也有重大影响，假定人口规模与居住密度都是常数，则城市地形也就成为影响城市规模的唯一因素。

如果交通手段在城市内部是均匀分布的，也就是说在城市的任何一点通向中心点的手段都是一样的，交通费用只取决于这一点离开中心点的直线距离。可以想象，这样的城市应该是呈圆形的，所有距离城市中心路程相同的房地产都应该有相同的租金。我们不难发现，建筑在一望无际的坦荡平原上的城市确实具有这种特点。

妨碍一个城市成为一个同心圆的因素是城市的地形，有的城市建筑在海边，有的城市边上有一条大河或者有一个湖泊，有的城市边上有山，这样的地形明显会影响城市的建筑布局。

假设城市中心就位于海边或者湖边，海上或者湖上不仅不可能居住，也不可能享有交通的便利，则我们的同心圆就只剩下半个，城市就成为一个扇型，这个扇型的圆角有可能是 $180°$，也有可能是 $270°$，或者只有 $30°$，一切依据旁边的水域的形状而定。如果城市边上存在山脉，因为山上也可以居住，则情况可能不像有水域那样糟糕，但它们也会因降低了居住价值和增加了交通费用而影响城市的形状。

试用 ν 来描述城市土地从一个整圆到半圆再到小于半圆的变化过程。$\nu=1$ 表示城市为一个完整的圆形，$\nu=0.5$ 表示城市为半圆，$\nu=0$ 表示城市土地完全为不可居住的水域所涵盖。则有

$$b=(nq/\pi\nu)^{1/2} \tag{3-7}$$

根据公式，如果人口增加了 1 倍，城市半径将增加扩大 0.44 倍。如果人口以每年 4% 的速度递增，城市面积也应按 4% 的速度递增，城市半径就应该按每年 2% 的速度递增。在我们的模型中，这导致租金也按 2% 的速度增长。密度的变化也同理。

公式（3-7）还表明，除人口与居住密度会影响城市的空间规模之外，表示城市能否成为一个同心圆的 ν 对城市规模也有重大影响，城市受边上的水域等不可居住区域的影响越大，则城市的半径也将扩得越大。在将式（3-7）与式（3-5）结合到一起考虑，我们就

可以知道城市房地产租金还将受城市人口数量、居住密度和城市地形的影响。如果其他条件相同，建筑分布不太规则的城市的房地产价格应该相对更高一些。

3.3 城市的空间分化

地块位置能够影响房地产价格被认为是房地产市场的一个基本特征，可以与其媲美的房地产市场的另一个特征，就是居民不同偏好也可以影响房地产价格，这种偏好的差异有时还造成城市的分化。在前面的分析中，我们实际上假定了在一个城市居住的所有的家庭都有完全相同的效用函数，这自然不符合事实。人以群分，不同的群体对房地产自然有着不同的要求。

现假定城市有两类家庭，他们对交通服务有着全然不同的感受，其中一类人十分在意交通服务的价值，他们愿意为这种服务支付高价；另一类家庭则持无所谓的态度，他们只愿意为同样的服务支付比较低廉的价格。再用 k_1，k_2 分别表示第一部分人和第二部分人关于单位路程交通服务的主观价格，也就是他们愿意为交通服务支付的价格，则有

$$k_1 > k_2 \tag{3-8}$$

式（3-8）表明对相同的交通服务，第一部分家庭愿意支付比第二部分家庭更高的价格。由于在我们的模型里，房地产的位置租金由交通成本决定，即 $R = k(b-d)$，所以相同地块被我们定义的租金现在也应该有不同的价格。

$$R_1 = k_1(b-d) \tag{3-9}$$

$$R_2 = k_2(b-d) \tag{3-10}$$

并且 $R_1 > R_2$。当租赁者愿意开出不同价格的时候，问住宅将会租给谁？回答这个问题当无需迟疑，房地产所有者肯定愿意将住宅出租给开价最高的租赁者。但如果是这样的话，一个城市的住宅将全部出租给第一部分家庭，第二部分家庭将得不到住宅。如果房地产市场要实现市场出清，这就要求第二部分家庭的数量降低为0。但这样我们就又统一了消费者的效用函数，等于回到了出发点。

假定两部分家庭比例是相同的，则理论上要求相同地块出现两种租金。如果市场是竞争的，就是说不存在利用价格歧视手段的条件，出现两部分价格又是不可能的。虽然有的家庭愿意支付更高的租金，由于要将手里的房产全部租出去，也只好降低价格，一直降到第二部分家庭愿意支付的水平。这使我们又一次回到出发点。

但问题在于每一块土地距离城市中心的路程都是不一样的，我们来分析房地产市场同时存在位置差异与消费者判断差异的情况下会发生什么？

图 3-5 表明，消费者对交通服务的不同评价也会改变房地产租金价格。A 表示对交通服务价值有较高评价的家庭的位置租金函数，它的斜率明显大于对交通服务价值评价较低的家庭的位置租金函数。我们可以从图 3-5 上看出，不管购买哪一个位置上的房地产，第一类家庭都比第二类家庭更有竞争优势，因为他们愿意开出的价格总是高于第二类家庭。因此，只有在第一类家庭的需求全部得到满足之后，房地产持有人才可能不得已地降低价格，将其余的住宅出租给第二类家庭。如果房地产市场的住宅供给有一个由高到低的程序，那么我们可以借助图 3-5 发现，第一类家庭将占据从城市中心到中间点之间那些住宅，第二类家庭将占据从中间点到城市边缘的住宅。城市于是出现了分化，并且两部分家

庭在居住区域的分界将十分显眼。

但这种假设基本上是不成立的，不同地段的住宅应该是同时出现在房地产市场上的。那么，是不是不会再有城市分化的问题了呢？

现在我们略微改变一点条件。假定所讨论的地块接近所谓的"相同位置"（这种假设是现实的，从一块半径略有差别的土地上的任意一点到城市中心去，其交通费用的差别有时可以忽略），这块土地上任意一点距离城市中心的半径只是略有不同，那么，消费者评价开始对房地产租金发挥比较明显的作用。这时房地产首先将出租给愿意开出比较高价格的消费者，之后再出租给只

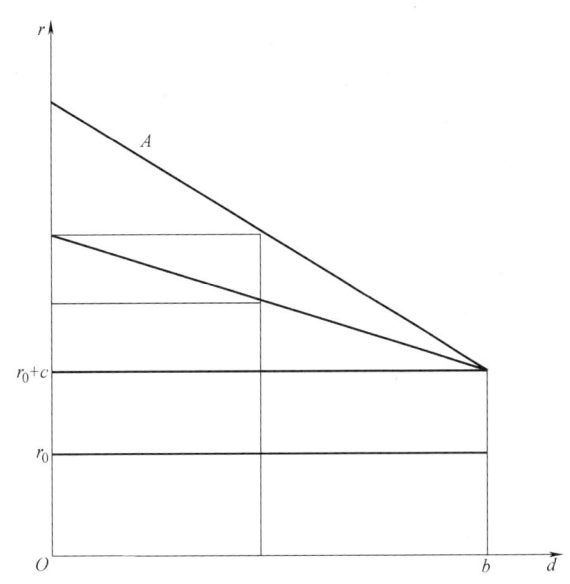

图 3-5　存在消费者差异的城市房地产租金构成

肯出比较低价格的消费者。而高价租房者之所以听凭房地产持有人低价将相类似的住宅出租给他人而不作反抗，是因为他得到的住宅在位置上多少优于其他住宅。也就是说，这块土地上距离城市中心较近的房地产现在给了第一部分家庭，距离较远的房地产现在租给第二部分家庭。租房者偏好的不同此刻导致居住区域上的分化。

在这个推理中，土地位置发挥的作用十分微妙。它既不是完全决定房地产的位置租金，也不是完全不决定房地产的位置租金。如果我们让它完全发挥作用，我们推不出城市分化的结果，即使消费者的偏好不一样，我们也只能将第二部分家庭推向次一等级的地块上去，考虑到次一等级的地块上本来也存在第一部分的消费者，所以两部分消费者还是混合居住的。如果我们让它完全不发挥作用，则相类似地块只要需要第二部分的消费者的承租，全部租金马上就会降至适合第二部分家庭的口味。我们在需要同时拉住两部分家庭的时候，要求位置差异不起作用，在需要两部分家庭分化的时候，又要求位置差异起作用，这在逻辑上似乎是混乱的。问题是生活中某些因素在发挥作用的时候，其强度确实是可以变化的，更重要的是消费者分化是一个不争的事实，尽管混合居住也是一个事实。并且如果我们只考虑一种因素对城市分化的影响的话，我们也只用这种看上去前后不怎么连贯的逻辑才能解释这种分化，如图 3-6

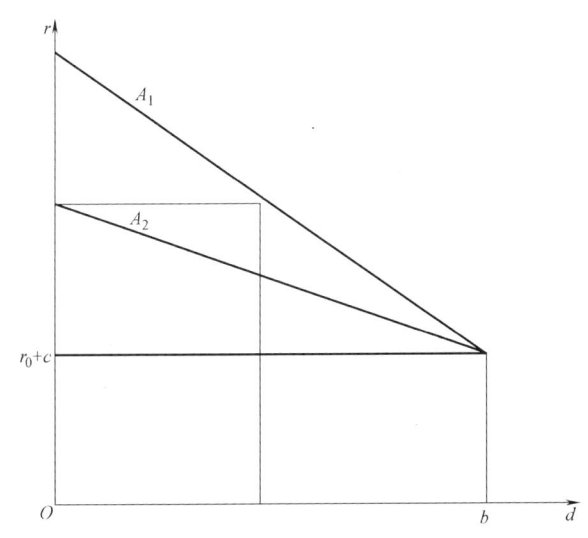

图 3-6　存在密度偏好差异的城市房地产租金

所示。

城市分化有时还可能是其他因素发挥作用的结果。居住密度就是一个突出的例子，有的家庭特别看重住宅面积，有的家庭则对面积多寡持相对随和的态度，而房地产相对价格取决于密度。则我们也有了两条不同的租金函数曲线，如图3-6所示。

和前面分析的道理一样，我们也可以推断可能出现的房地产分化的结论。

无论是对交通服务评价的差异，还是对住宅宽敞程度的评价差异，都可能和消费者的收入关联，收入差别可能是导致房地产分化的各种因素背后的最深刻的因素。

专栏3.1　都市经济学先驱理查德·赫德（Richard Hurt，1903）

城市是如何形成的？对这个问题回答，迄今被引用最多的是理查德·赫德的《城市土地价值原理》。下面是书中的一段话。

"城市起源于它们与外部世界接触的最便利的点上，它沿着最小抵抗或有最大吸引力的线条增长，或沿着它们两者的组合增长。接触点按照水运、公路或铁路等运输方式的不同而异……地形的影响，在城市开始建立时是很有力的……地形的最直接的结果来自它对交通运输的控制。

城市的增长，包括从原始的点向各个方向推移，除了在地形上有障碍的方向以外，这种移动的起因既有边沿的聚合，又有来自中心的压力。中心增长的发生，既来自城市的中心也来自每个次中心的吸引力，而中轴的增长又通过铁路、公路和城市铁路的手段推进到远离中心的领土。一切城市都是由这两种影响建成的，它随数量、强度和质量而变化，当城市的增长带来互相接触的压力，其结果是各地区的重叠、互相穿插、中心化和协调一致……居民是最早迁往外围的，而工商业则留在中心，当居民分为各种社会等级时，相应等级的零售商店跟随着他们，然后批发商业跟随着零售商。当各种结构和混合的设施不规则地填入中间地带时，银行和机关仍留在主要的商业中心。这种广泛的向外部地带的移动，通过居民区的规划有商店的交通轴线，创造出商业的次增长，由于贴近性和向轴性的增长，也由于可接近性，合在一起成为已建成区段的静态的力量以及互相联系的主要线路的动态力量。"

在今天看来，这段说辞中的每一句话都可以成为一个课题，而且我们解释城市结构时所做的全部分析，其实都不过是这段精彩描述种的某个观点的延续或者另一种形式上的演绎。

3.4　城市增长：从租金到价格

城市很可能是最为活跃的社会有机体，我们视野中的城市，几乎无一不是处于迅速地扩张之中的。城市扩张导致城市边界值 b 不断变大，如上所述，它将使得城市租金不断地上升。

另一方面，本章迄今为止只是讨论了房地产租金的形成机制，还没有讨论房地产资产价格。将租金转化为价格的问题与城市增长问题联系在一起，会引出一些不易经验发现的奇特结果。

在第一章的分析中，房地产租金价格与资产价格是相互关联的，式（1-1）揭示了两者之间的关系。设房地产资产价格为 P，我们有 $P=R/i$。

从公式（1-1）中我们也可以推出

$$i=P/R \tag{3-11}$$

式（3-11）可定义为资本化率，表示将租金转化为资产价格的比例。在这个公式中，资本化率也就是市场利率。

这个公式告诉我们，决定房地产资本品价格的一个重要因素是市场利率，另一个重要因素是房地产资产收益率，也就是租金。

公式（1-1）可以看成是一个投资公式，投资理论认为，这里的租金不应该看成是当下的租金，而是预期的租金收入。由于未来的租金存在不确定性，所以风险也影响资本品价格。此外，资本品价格还受资产流动性的影响与政府税收政策的影响。在投资理论中，风险、流动性与税收对资本价格的影响通过贴水的方式来实现。在本章我们只研究利率与租金对房地产资产价格的影响，暂时撇开风险、流动性与税收的问题。但这一节我们将城市随时间扩张的因素考虑进去，很明显，变动不居是现实的城市房地产租金和资产价格最鲜明的特征，这种变化在很大程度上是进入城市的人口增长造成的，如前所述，人口增长带动城市扩张，导致租金上升和房地产资产价格的上升。假设城市随时间推移，以 g 的速度不断扩大，结合公式（3-5），可以推出这样一个房地产资产价格公式

$$P_t=r_0/i+c/i+(b_t-d)k/i+kb_tg/\ i(i-g)；d<b_t，g<i \tag{3-12}$$

公式（3-12）右边的第一项是土地农用租金的资本化；第二项是建筑成本的资本化；第三项是土地位置租金的资本化。假定城市边界是不断向外扩充的，城市半径 b 应该随时间的延长而不断扩大，$(b_t-d)\ k/i$ 表示 t 时的位置租金；在这些费用的资本化的过程中，资本化率都可以简单地借用市场利率。第四项是当城市边缘以 g 的速度向外扩张带来的未来租金增长贴成现值的资本化。城市半径将不断增长，增长的距离乘以单位路程的交通费用就转化为增加的土地位置租金，之后再将它资本化。

从公式可以看到，如果 g 等于 0，即城市不扩张，则第四项可以去除。如果住宅正好处于城市的边缘，则第三项可以去除，表示在在城市的最边缘地区土地没有位置租金。

一个有意思的现象是城市的不断扩大导致资本化率降低。我们将租金与资产价格的比例称为资本化率。它可以用式（3-5）除以式（3-12）来获得。设式（3-5）中的 q 为 1，再假定式（3-12）中 g 等于 0，也就是让城市不扩张，则 r/p 自然等于市场利率 i。如果令 g 不等于 0，也就是让城市不停地扩张，则

$$r/p=ri(i-g)/[r(i-g)+kbg] \tag{3-13}$$

这是一个比较复杂的式子，说明城市扩张使得房地产的资本化率发生了变化，它已经不能简单等同于市场利率了，可以证明，它将小于市场利率。并且，在城市扩张的情况下，资本化率将与许多因素有关，尤其是与反映房地产实际位置的数值 d 也相关。在前面的分析中，我们知道租金在城市边缘增长快，在城市中心地带增长慢，这种差别现在也会体现到资本化率中来。边缘地带的租金增产率高，必定导致资本化率也相对较高；城市中心地带租金增长率低，必定导致资本化率也比较低。

4 城市住宅密度：建筑属性与位置

本章要点

（1）租金上涨会导致居住密度上升，决定住宅密度变动的关键因素是位置与居住条件之间的边际替代率。在满足程度不变的情况下，家庭会适度地容忍交通成本的提升而提高住宅容积。

（2）同一城市内部各个区域的居住密度通常是不一样的，城市中心地带的居住密度一般要高于边缘地带。

（3）住宅是彼此差异很大的物品，不同地区的居民对住宅的要求是不相同的。理论上，可以用设施的边际效用等于边际成本来确定设施的数量。

（4）容积率决定是开发商的一项重要决策，容积率增加可降低土地成本，但住宅价值下降，单位住宅面积的建筑成本也有可能提高。

除开土地位置，住宅密度与建筑属性对房地产价格形成也有重要的影响。让我们首先讨论住宅密度。住宅的土地使用量是彼此大不相同的，有的占据很少一点土地，有的则占地数亩。住宅的这种差别深刻地影响着城市的人口密度，同时也影响房地产价格。

在一定程度上，住宅密度是住宅自身的特点决定的，有的住宅只需要一两间住房加厨房、厕所即可，它们所需要的土地自然有限；有的住宅不仅需要许多房间，还要囊括车库、花园，它们需要的土地自然也就多了许多。但事实不尽如此，位置对密度也有着深刻的影响。选购房地产，很大程度上是一项关于密度与路程的两难选择。

4.1 城市住宅密度

城市住宅密度是城市房地产研究中的一个重要参数。城市居住密度的变动不只有一个方向，二战后，随着国民收入的增长，各国城市的住宅占地都有不断增长的趋势，这导致城市密度逐年降低。但城市的扩张又使得中心城区的租金不断上扬，为了降低租金成本，中心地带的住宅密度又会有所提高。一个城市内部的住宅也不只有一种密度，决定住宅密度变动的关键因素是位置与住宅建筑属性之间的边际替代率。显然，在满足程度不变的情况下，家庭会适度地容忍交通成本的提升而提高住宅容积。

建筑租金与位置租金的价格决定了家庭选择的机会集合。从图 4-1 我们不难看出，建筑成本的上升会使家庭选择向改善位置和降低住宅质量的方向倾斜；而交通费用的上涨会使家庭选择向提高住宅质量和放弃优势地段的方向倾斜。前者使城市中心地带的密度不断提高，后者则短期内使城市进一步扩张，但由于城市扩张会进一步推动位置租金的上扬，扩张的势头会被阻止。

不管怎么说，几乎所有的城市都有这样的特点：城市中心地带因为位置租金高，住宅密度必定提高；城市边缘地区由于位置租金低，住宅密度会大大降低。

由于难以建立标准住宅用地的指标，我们常用人口密度（人口除以土地）来代替住宅密度，一般情况下，人口密度越高，土地上的住宅密度也越高。美国丹尼斯·迪帕斯奎尔和威廉·C·惠顿收集的资料显示，美国波士顿地区 1990 年 146 个城镇总人口有 386万，平均人口密度为每平方英里 1589人。但各地区人口密度相距甚远，紧邻着波士顿的萨穆维尔地区人口密度高达每平方英里 18543 人，而西部边缘的博

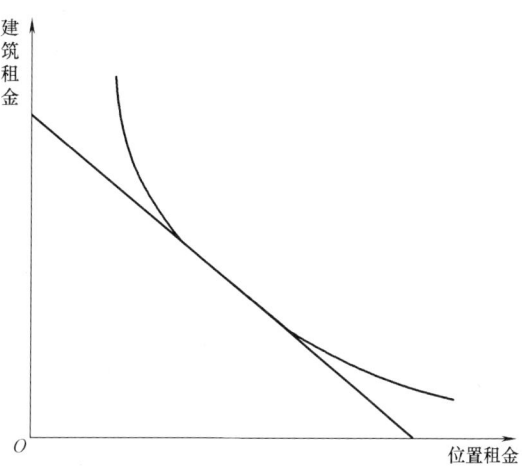

图 4-1　建筑租金与位置资金关系图

尔顿却只有每平方英里 157 人。从地图上可以看出人口密度由城市中心向周边地区逐渐降低的明显趋势，尽管也存在一些不规则的现象。迪帕斯奎尔和惠顿用将土地距离城市中心的路程做自变量，用人口密度做应变量，用一个负指数函数来表达人口的密度变化：

$$D = D_0 e^{-ad} \tag{4-1}$$

在式（4-1）中，D_0 是作为出发点的波士顿中心城区的人口密度，这个数值被估计为每平方英里 6634 人。人口密度 D 是从所讨论的土地到城市中心的距离 d 的函数。a 为距离系数，表示距离每增加一英里人口密度减少的比例。将式（4-1）两边取对数，使之转化为线形函数：

$$\ln D = \ln D_0 - ad \tag{4-2}$$

再用最小二乘法对经验数据进行处理，得出 1990 年波士顿地区 a 为 -0.09 左右，就是说，在这个地区，土地距离城市中心远一英里，人口密度将下降 9% 左右。表 4-1 是迪帕斯奎尔和惠顿测算出来的波士顿地区的人口密度梯度。

波士顿地区的人口密度梯度　　　　　　　　　　　　　　　　　表 4-1

	1990				1970			
	北部	西部	南部	平均	北部	西部	南部	平均
$\ln D_0$	8.90	9.00	8.49	8.80	9.12	9.20	8.80	9.03
距离系数 a	-0.09	-0.11	-0.08	-0.09	-0.10	-0.13	-0.10	-0.11
R^2	0.52	0.58	0.63	0.53	0.54	0.61	0.71	0.58
样本数量	54	53	54		53	54	41	

资料来源：转引自（美）丹尼斯·迪帕斯奎尔、威廉·C·惠顿《城市经济学与房地产市场》，经济科学出版社 2002 年版。

表 4-1 的数据表明，波士顿地区的住宅密度随着与城市中心的距离的增加而递减，但向外延伸的各个方向的变动并不相同，1990 年的数据表明向西部延伸时密度下降比较快，向南部延伸时密度下降比较慢，这可能是受波士顿南部和北部有老就业中心的影响。表 4-1 还将 1990 年的数据与 1970 年的相同数据做了比较，这种比较说明这个地区 20 年来人口密度随距离的递减趋势变慢了，反映出这个地区存在人口有向郊区转移的倾向。有统计表明，从 1970～1990 年，这个地区 146 个城镇的总人口从 378 万增加到 386 万，仅增加了 2.1%。但人口的分布却发生了巨大的变化，中心地区的人口减少了，边缘地区的人口

大大增加。

同样的趋势在我国的大城市也一样存在。2005年底北京市常住人口为1538万人,平均密度为每平方公里937人,其中城区人口密度为每平方公里22210人。近一半人口居住在近郊。全市人口密度最大的是宣武区,达到每平方公里28133人;密度最小的是延庆县,每平方公里仅有139人。4个城区、4个近郊区、10个远郊区县的人口占全市常住人口的比重分别为13.4%、48.6%和38%。

与2000年相比,城区人口密度下降了3.4%。近郊区增加了1.5%,远郊区县增加了14.9%。其中,朝阳区为人口第一大区,占全市常住人口的比重为18.2%,其次是海淀区,占全市常住人口的16.8%。人口增幅最大的是大兴区,增长了31.3%,达到88.6万人,超过房山区,成为远郊区县中人口最多的区。城区人口的减少,主要是由于新的城市规划对城区大规模改造拆迁,致使居民迁出城区,疏散至郊区的结果。另外,各远郊区县的人口变动与其经济社会的发展状况密切相关,地区经济快速发展的同时,也伴随着人口的迅速上升。比2000年增加了106人。其中,城区、近郊区、远郊区县的人口密度分别为每平方公里22210人、5862人、389人。从各区县看,除西城、崇文两个区每平方公里的人口密度有所下降外,其他区县的人口密度均有所增加。近郊区中朝阳区增长最快,每平方公里增加了1101人。远郊区县中,人口密度有明显提高的是通州区和大兴区。虽然城区的人口数量五年间继续减少,人口密度也有所下降,但总的来说,2万人以上的水平给资源、环境带来很大压力,疏散城区人口迫在眉睫。另一方面,由于地区经济发展的良好势头,通州、大兴等区的人口数量和密度均有大幅上升。

专栏4.1 上海的人口密度

> 上海人口规模在世界特大城市中位居第6位,在全国位居第一,也是全国人口密度最大的城市。根据上海市第五次人口普查资料,2000年上海常住人口为1640.77万人。上海市的面积占全国总面积的0.06%,但是承载的人口数量占全国总人口的1.27%。2000年上海的人口密度高达2588人/km²。上海的人口空间分布十分不合理,2000年,内环线以内为4.01万人/km²;内外环线之间2.04万人/km²,近郊区0.32万人/km²,远郊区0.09万人/km²,高低相差400多倍。浦东新区东西片的人口密度也相差8倍多。陆家嘴人口密度最高,为每平方公里10687人,而金桥、张江等地区人口密度较低,张江每平方公里人口只有1229人的。

表4-2结合上海地图,你很容易发现上海的人口密度是偏离城市中心距离的递减函数。

2000年上海的人口密度分布   表4-2

地区	人口(万人)	人口密度(人/km²)
黄浦区	57.45	46296
卢湾区	32.89	40859
静安区	79.86	40073
徐汇区	106.46	36658
闸北区	86.07	27294
虹口区	70.22	20480
杨浦区	124.38	19442
普陀区	105.17	19181
长宁区	30.54	18335
浦东新区	121.73	4596

地区	人口（万人）	人口密度（人/km²）
闵行区	240.23	3275
宝山区	122.80	2957
嘉定区	75.31	1641
南汇区	78.51	1142
松江区	64.11	1060
金山区	58.04	990
青浦区	59.59	882
奉贤区	62.43	908
崇明县	4.98	624

资料来源：上海城市规划局。

4.2　住宅的建筑属性

除开密度之外，住宅的建筑属性也是必须事先确定的一个指标。

住宅是彼此差异很大的物品，这种差异的一个重要内容就是住宅所包含的设施，我们暂将住宅拥有的设施上的特点称之为住宅的建筑属性。不同年代，或者同一年代在不同需要支配下建造出来的住宅，其建筑属性之差异大于所有人力生产出来的其他物品。城市建筑样式之迥异，常可超出人想象，令人咋舌。

建筑属性的差异根源于人的消费需求的差异，但住宅又是最为经久耐用的物品，一个城市建筑存量总是远远大于建筑增量，所以大部分家庭也并不是随意地选择住宅模式，他们只是在已有的各种住宅类型中做有限的选择。幸好即便如此，可供他们选择的机会仍然足够之多。历史在建筑物上留下的痕迹足够深刻，不仅历史遗留下来的建筑样式限制着人的需求，其实到后来它也内化为人的需求本身，我们以为属于自己的愿望，其实经常不过是对历史上过去的建筑样式的模仿。一个城市的建筑足以容载经历沧桑变迁的城市文化。

我们通常用套作为住宅单位，问题是我们不知道一套住宅到底应该包括哪些因素？显然，这把标尺存在于消费者的心目中，消费者通过价格将其偏好显示出来。问题的复杂在于价格是对消费者总体感受的反映，这种反映不仅与建筑属性有关，也与前文提及的密度、位置等因素有关，而且密度与建筑属性本身是很难分开的。所以我们只是用透过价格指标，有限度地去认识住宅的建筑属性。可能只有在销售实践中的房产销售员最清楚地知道哪些因素对家庭是重要的。

与价格关联的住宅属性通常是非常丰富的，这些属性中有些是连续变量，比如住宅面积；有些是整体变量，比如卧室数量；也有些是离散的变量，如是否包括车库、游泳池等。有的经济学家试图建立综合指标体系来说明哪些属性影响住宅价格，这些指标可以包括社区环境指标、住宅的居住功能指标、购物方便程度指标、至城市中心阻抗因素指标、住宅内部空间指标、土地限制因素指标、建筑物垂直可及性指标和教育环境指标等。

亚洲国家的一些研究发现，区位、住宅面积、楼层、有没有电梯等因素对价格的影响最大，同时，住宅距离中小学与商业中心的路程对住宅价格也有重要的影响。也有人认为，房屋面积、用途、类型、建筑材料、房龄、厨房、浴室、使用燃料等因素对房价的影响最大。

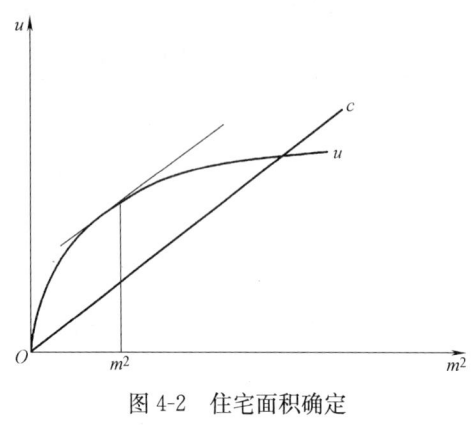

图 4-2　住宅面积确定

分开地看每一项建筑属性的数量决定，我们可以简单地使用经济学的成本收益分析方法。假定一项属性的边际效用是递减的，再假定总效用等于一套住宅的价格，只要令边际效用等于边际成本，就可以推算出使家庭得益最大的一项属性的最优数量。用图 4-2 说明的是住宅面积的确定。

图 4-2 中住宅面积给家庭带来的边际效用是递减的，所以总效用虽然随住宅面积的扩大而增加，但增加的幅度在逐渐变小。再设单位面积的建筑成本或者安装成本是不变的，这样就会出现一个最优的面积，这个面积令家庭得益最大。从图 4-2 也可以看到，单位面积住宅成本的上升会使最优的住宅面积变小，家庭对面积评价的提高（它使面积效用函数向上移动）会使最优的住宅面积增加。

图 4-2 中的成本是当下的建筑成本或者安装成本，所以这个属性数量决定模式只反映新建筑的住宅属性量的确定，如果是旧建筑，就无法使用这个模型。同样，如果市场不是竞争的，住宅的供给价格也不可能落到可能的最小成本的水平，这个模型也不应该简单地被使用。在后两种情况，成本取决于供给商的开价，这个开价将包含比简单的物质成本更丰富的内容。

理论上，每一项住宅属性的确定都可以借助这种分析，但有些属性指标的确定却要更复杂一些，比如住宅密度指标就是这样。住宅密度提高可以带来降低土地成本的好处，但另一方面也因减少了住宅面积而导致一系列损失，比如空间、绿地，甚至居住的隐私性。确定最优密度的计算可能就比较复杂。

由于房价是家庭对住宅各种属性综合的回应，所以我们应该将各种属性放在一起分析。有时候，我们可以从统计数字中发现一套标准的住宅应该具备的住宅属性。比如，迪帕斯奎尔和惠顿曾经利用 1989 年美国普查局（U. S. Census Bureau）调查波士顿地区 1648 个独户住宅的统计数据，发现这个地区一套住宅的标准属性。

从表 4-3 的统计清单上我们得知，1989 年波士顿地区一套住宅平均有 3.201 间卧室，1.642 间浴室。同时 63.2% 有车库，1.4% 的住宅为联体住宅，即与别人的住宅是连接在一起的，2.4% 的住宅建筑不合标准，6.9% 的住宅街区环境不好，只有 3.6% 的住宅位于城市中心地区。在波士顿，住宅平均寿命已达 27 年，而一套标准住宅的价格将近 20 万美元。显然，与亚洲国家相比，美国的家庭更看重住宅的各种设施，而亚洲国家的家庭更看重住宅的面积。

借助对标准住宅的分析，我们也可以建立家庭关于住宅的效用函数或者需求方程。我们可用 X_i 表示第 i 项影响我们感受的项目的数量，b_i 表示第 i 项在效用中的分量，建立这样简单的线形效用函数

$$U = a + b_1 X_1 + b_2 X_2 + b_3 X_3 + \cdots + b_i X_i + \cdots + b_n X_n \qquad (4\text{-}3)$$

如果令 U 等于消费者给出的价格，则有

$$P = a + b_1 X_1 + b_2 X_2 + b_3 X_3 + \cdots + b_i X_i + \cdots + b_n X_n \qquad (4\text{-}4)$$

属性	平均值	标准差
住宅价格(美元)	199,720	274.67
卧室数量(间)	3.201	0.94
浴室数量(间)	1.642	0.93
楼龄(年)	27.281	3.06
是不是联体住宅 *	0.014	0.34
有没有车库 *	0.632	0.69
建筑特别质量差 *	0.024	0.39
街区条件不好 *	0.069	0.52
是否在中心城区 *	0.036	0.43

注：* 表示哑元变量（dummy variable）：0 表示否，1 表示是。

资料来源：转引自（美）丹尼斯·迪帕斯奎尔、威廉·C·惠顿《城市经济学与房地产市场》，经济科学出版社 2002 年版。

式（4-4）不考虑每一个项目是否存在边际效用递减的问题，实际上边际效用递减规律在这个场合肯定是会发生作用的，线性效用函数可以看成消费者意愿的一个简单的表达式。

如果将每一项属性的边际效用递减规律结合进去，可用这样的公式

$$P = a X_1^{b1} X_2^{b2} X_3^{b3} \cdots X_i^{bi} \cdots X_n^{bn} \tag{4-5}$$

为了估算方程中的常数，可以两边取对数，转化为线性方程

$$\ln P = \ln a + b_1 \ln X_1 + b_2 \ln X_2 + b_3 \ln X_3 + \cdots + b_i \ln X_i + \cdots + b_n \ln X_n \tag{4-6}$$

4.3 住宅密度、土地价值和土地的最优利用

对一套即将开发的住宅来说，密度与土地位置一样，是其最重要的属性。也可能是开发商最为关心的问题，提高建筑密度，可以大大节约土地，但另一方面也降低了建筑的价值，厂商必须认真研究家庭对待两者的态度，艰难地探寻盈利空间。

住宅密度一般是指住宅套数与单位土地面积（比如一亩地）的比例，由于标准住宅并不容易确定，而且因为大多数住宅并不按照标准设计，确定下来也没有什么意义，所以我们用得更多的概念是容积率（floor area ratio），即住宅面积对单位土地面积的比率，如图 4-3 所示。

设厂商获得一块土地，它应该如何安排住宅的容积率来获得尽可能大的利润呢？图 4-3 上半部的纵轴表示单位住宅面积的销售价格，很明显，容积率越高，住宅价值下降，销售价格会降低，另一方面单位住宅面积的建筑成本倒有可能提高，当价格下降到等于单位面积的建筑成本的时候，厂商开发这块土地的收益等于 0 有如图 4-3 下半部所示。图 4-3 下半部中的纵轴表示厂商开发这块土地的收益，当图 4-3 上半部中容积率导致单位住宅面积的销售价格等于建筑成本，图 4-3 下半部中厂商收益降低至 0。但如果容积率降低，一直降到 0 的时候，厂商没有销售收益，尽管也没有成本，但土地的开发收益也为 0。所以理论上厂商的土地开发收益有一个随容积率逐渐上升又逐渐下降的过程，其中必定有一个导致土地开发收益最大的容积率。

设厂商开发某块土地的利润为 π，单位住宅面积的销售价格为 P，建筑成本为 C，用 F 表示土地的容积率，有 $P = \alpha - \beta F$ 和 $C = \mu + \tau F$。就有

$$\pi = F(P - C) = F[(\alpha - \beta F) - (\mu + \tau F)] \tag{4-7}$$

由于价格 P 与建筑成本 C 都是容积率的函数，所以可以让利润 π 对容积率 F 求导。并令导数等于 0，可以求得厂商利润最大的容积率 F^*。

$$F^* = (\alpha - \mu)/2(\beta + \tau) \tag{4-8}$$

而厂商开发这块土地的最大利润为

$$\pi = (\alpha - \mu)^2/4(\beta + \tau)$$

如果另这块土地为单位面积土地，比如一亩，这里的容积率就是指一亩地的住宅面积。再设市场是完全竞争的，厂商开发这一亩地的利润 π 就应该是土地的价格，这样我们也就获得了土地的价格。用土地价格 ρ 取代 π，我们有

$$\rho = (\alpha - \mu)^2/4(\beta + \tau) \tag{4-9}$$

这里的土地价格仅与厂商的住宅开发密度有关。

4.4　位置与住宅密度

如前所述，房地产价格不仅受密度影响，还要受土地位置的影响。土地位置距离城市中心越近，土地价格就应该越高，土地价格的这种变化与住宅密度无关。我们可以将这个因素引入图 4-3 显示的容积率决定模型。如果土地因位置变化而提高了单位住宅面积的价格，就应该表现为价格曲线位置的向上移动，如图 4-4 所示。

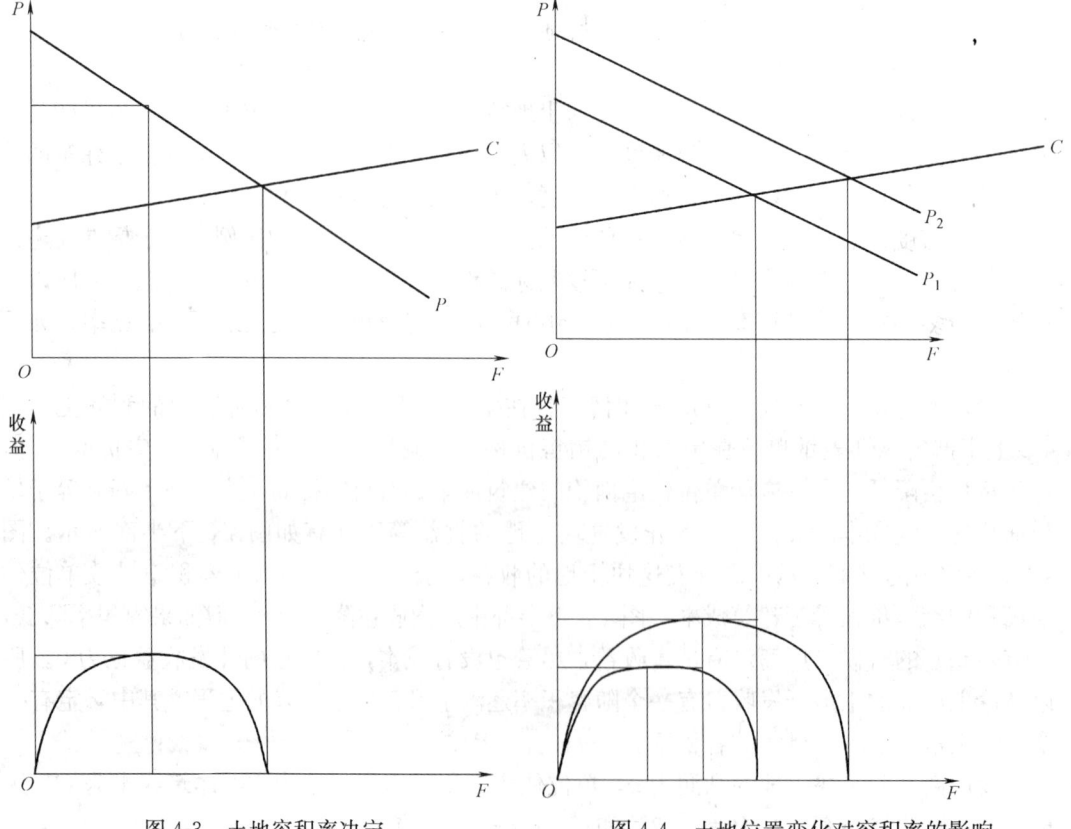

图 4-3　土地容积率决定　　　　图 4-4　土地位置变化对容积率的影响

46

从图 4-4 可以看出，这导致土地容积率的提高，同时也使得土地价格上升。

将第三章的内容与本章关于密度的分析结合起来，我们得到了一个比较理想的关于城市房地产开发密度、土地价格和土地位置的解释模型。交通费用决定着土地的位置租金，但土地价格的形成还需要取决于土地的开发密度，土地开发密度受制于受容积率影响的住宅的建筑属性与建筑成本，密度一旦形成后，又对土地价格的最后敲定起到了盖棺定论的作用。在此基础上，如果再加入其他条件，我们就可以对房地产价格作出接近理想的解释。在这种推论中，土地位置与土地价格形成鲜明的对应关系。问题是真实的城市是否具有这样的特征呢？回答是毋庸置疑的，前文列举的数据可以表明，房地产开发密度以及与地段相关的土地价格确实是随土地离城市中心路程的不断接近而逐步提高的。

4.5 城市土地的开发与再开发

如前所述，城市边界的向外扩张会改变土地的位置租金，所以有必要将城市扩张问题引入到我们的模型中来。如果城市人口增加了，增加了的人对住宅的需求会导致城市不断扩张，这种扩张会改变土地的租金基础，在我们的模型里，导致建筑密度提高和土地价格上扬。

一个有意思的问题是，由于城市最边缘地区没有位置租金，所以两个城市不管规模有多么不同，根据我们的模型，其边缘地区的住宅密度总是一样的，理论上土地价格也应该是一样的。这就是说一个规模巨大的城市与一个小城市，在边缘地区的房地产既是同一密度的，其土地也应该是同价的，除非要两个地方农业租金与建筑成本不一致。一个更加有意思的问题是，考虑到城市总是由小到大逐渐发展起来的，现在的中心城区在过去很可能就是城市的边界，因此一个城市中心地区的住宅密度与边缘地区的住宅密度也是一样的。大约这种现象确实可以为我们在许多城市发现。

由于城市不断扩展使过去的边缘地区变成中心地区，土地位置租金的不断上升客观上提出了提高建筑密度的要求，已有的低密度的建筑被拆开，新的更高密度的住宅开始被建造，这就形成了城市的再开发。城市重新开发的条件仅仅是重新计算的土地价格超过原土地价格与旧建筑的拆迁成本之和。如果原住宅建筑质量很好，且得到有效的保护，则拆迁导致的成本将十分高昂。有的建筑随着时间的推移还产生了作为文物的价值，更是将成本推向高不可及的境地。这些建筑被重新改造的可能性自然也就比较小。如果原来的建筑本来质量就不高，且没有得到很好的保护，一旦城市扩容就很容易被改造。我国在城市化进程中，大量的原有建筑被推倒，明显与这些建筑低劣的质量有关。城市一旦重新开发，理论上建筑密度必定大大提高，但有的时候也不一定这样。这里的关键是新建筑能否卖出特别高的价格，特别高的价格补偿了厂商因土地成本上升导致的损失，使得厂商愿意接受比较低的建筑密度。

一般来说，厂商总是希望土地容积率不断提高，而单位住宅的价格尽可能缓慢地下降。解决这一矛盾的办法之一就是用高层建筑替代低矮的建筑，这就是为什么在城市再开发的过程中，楼房总是越造越高。

5 企业选址、就业分散化和多中心城市

本章要点

（1）20世纪随着交通条件的改善，工业企业从中心城区分离出去，工业企业在郊区落位有助于企业降低成本。我们可以从就业分布中了解企业分离趋势。

（2）企业聚集的好处依然存在，商业企业甚至将居民驱逐出去，造就城市的中央商务区。当代城市存在中央商务区、居民区和工业区的分化。

（3）城市分散化与聚集效应的同时作用，导致城市副中心的形成。

在前面的分析中，一个城市的工业生产活动与商业活动都被假设在城市的中心地带进行，这个中心于是也就成了城市居民的就业中心。

商业活动在城市的中心位置开展的设想很容易理解，将市场安排在中心位置显然对所有的市民都有利。工业活动被安置在城市中心的理由在于：企业的商业经营活动离不开市场，无论是投入资源的获得还是产品的出售，企业都需要在市场上进行，市场还是企业的各种有用信息的唯一来源。企业离开市场越近，企业就越具有降低市场交易成本的优势。可能，19世纪的大多数城市确实如此。但到了20世纪，随着企业规模的扩大，情况就出现了变化。首先，各种通信设备的改善也使得企业没有必要贴近市场以获取市场信息。其次，企业的产品越来越不依赖本地的消费者，这使得企业没有必要设置在当地市场周边；相反，企业对港口、码头等交通接口或物流集散地的依赖程度大大提高了。再次，大规模生产提高了对土地的需求，企业为了降低成本而需要在租金比较便宜的地带设厂。最后，劳动者向城郊的流动也诱使将企业搬迁到城郊。

企业离开城市中心地带导致一个城市就业的分散化，从而也深刻地影响着城市人口与住宅的重新分布。当市民开始偏离城市中心安排住所的时候，商业活动，尤其是零售商业与各种类型的服务，也跟随着居民流向城市的各个角落。随着工业与商业的不断离散，也就使就业中心一波接一波地离散开来。

但另一方面，使得工业活动与商业活动聚拢在一起的因素还起作用，并且不时地发挥影响，这使得城市总是同时朝着集中化与分散化两个方向发展，这种双向变动的结果就是城市中央商务区和多中心的出现。

5.1 就业机会的空间分布

尽管就业活动不再向一个中心聚集，但相对集中还是存在巨大的好处。首先，相对集中可以提高劳动力市场效率。因为很多工业部门需要面对面的接触联络，如IT、政府部门、服务和商业部门，而就业集中减少了交通成本并且方便面对面沟通降低交易成本。

其次，减少交通系统投资。因为就业中心的存在使得运送同样数量的人员到其工作地

点所需要的道路减少了。

再次，使用公共交通的可行性增加了。因为公交的票价因成本下降而维持在一个能被广泛接受的范围内。

最后，最大限度地利用交通设施。在一个平坦的就业密度分布中如果每个人都在居住地附近工作那么总的交通需求将是最低的。可惜的是这样严格的假设基本不存在，因此在假定其他条件相同的基础上一个平坦的就业空间分布模式可能产生更高的人均机动车里程数。

一个可以用来反映就业集中状况的指标就是就业密度。就业密度是一个不太为人注意的指标，它等于单位土地面积的工作岗位数量。与城市的人口密度相仿，大都市就业密度也具有依从城市中心到边缘地区的距离变化而逐渐递减的趋势。比如，美国波士顿地区1990年共有207万个就业机会，总的就业密度是每平方英里1025份工作，但地处中心地带的剑桥为每平方英里16062份，波士顿每平方英里11104份，而处于北部边缘地区的博克斯福德每平方英里只有29份。波士顿的就业状况说明相对集中趋势在当代大都市是客观存在的。

与美国的大都市相比，上海的就业分布状况要更加复杂一点。2005年，上海市职业介绍中心对上半年公共职业介绍机构发布的招聘岗位进行了统计，虽然它不是对全部岗位分布情况的描述，但我们可以借助这个资料发现上海就业岗位分布有既分散又集中的特点。这个中心的报告将上海划分为中心板块、东南板块、东北板块、西南板块、西北板块，如图5-1所示。

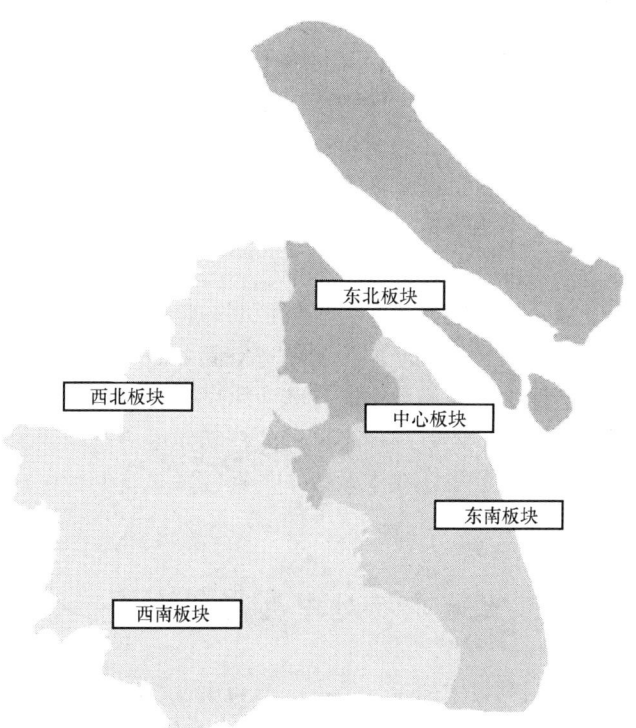

图 5-1   2005 年上半年上海就业分布分区图

2005 年上半年上海市各职业介绍所共发布招聘岗位 52.3 万个，东南板块的浦东及中心板块的黄浦、徐汇、长宁四个行政区均超过 4 万个；中心板块的卢湾区、静安区、东北板块的虹口、闸北、杨浦、宝山诸区，西南板块的闵行区和西北板块的普陀区在 2 万～4 万之间；而西南板块的松江、金山区、西北板块的嘉定、青浦等区低于 2 万个。新增工作岗位不均衡分布的特征十分明显。由黄浦、卢湾、静安、长宁、徐汇组成的中心板块的岗位数为 17.2 万个，占全市所有岗位的 33%。这一地区的岗位绝大部分为服务类岗位，以金融保险、商务及会展策划、客户服务等为代表。同时，商业零售、餐饮娱乐、贸易销售等一些传统服务业岗位也占有重要地位。可见，上海的中心板块是服务业，尤其是现代服务业的聚集地。东南板块提供的岗位数共计 10.7 万，占 20.5% 左右，岗位大体可以分为两大类。一类是由浦东新区沿黄浦江的中央商务区提供的金融、保险、销售、外贸、管理等商业服务类岗位，岗位性质和中心板块相差无几。第二类是由浦东外高桥、张江、金桥以及南汇康桥、上海临港新城等出口加工或物流、工业园区提供的 IT、机械电气设备制造、医药生物制品制造、仓储物流等先进制造业岗位。由虹口、闸北、杨浦、宝山、崇明组成的东北板块上半年共发布了 11.4 万个岗位，占全市所有岗位的 22%，仅次于中心板块。该板块内各区岗位需求比较接近，除崇明外，都在 2 万～3 万左右。该区域内的虹口、闸北、杨浦三区都被内环线分割，宝山、崇明更是位于内环甚至外环以外，从而使得这一板块内经济发展和就业分布都不太平衡。闵行、松江、金山、奉贤四区组成的西南板块共需要岗位 7.7 万个，占全市比重约 15%。与东南板块相似，西南板块的三个区也都有产业园区聚集，提供的岗位具有相似性。这些园区提供的岗位 40% 集中在 IT 产业、电子仪器仪表制造、轻工家电日用品制造等。此外，松江的旅游业、现代化农业以及金山、奉贤的化工、冶金制造业相关岗位也占据一定的比例。由普陀、嘉定、青浦组成的西北板块是上海与江浙两省沟通的门户。该板块需要岗位 5.3 万，占全市总数的 10% 左右，区均不到 2 万，位列所有板块最末。普陀区主要以仓储物流、化工医药及电气设备等制造业岗位在该区所有岗位信息中占了很大的比例；嘉定的汽车制造业毫无疑问已具有了相当的知名度；青浦区则以旅游业、电子信息产业和相对分散的精密制造业为特征。

职工就业到底是相对集中为好还是相对分散为好？这是一个仁者见仁、智者见智的问题。一些经济学家的研究发现一个地方（大都市区中的某一个部分）多样化的就业结构可以推动该地方的经济发展。也有的经济研究证据说明一种工业集中于一个地方，可使该地的经济发展速度比其他地方快。这些证据说明就业空间上的集聚对城市地方经济发展的作用。当然，应该区分制造业中心与商务中心在就业密度上的差别。制造业的就业密度无法与商务中心区的就业密度同日而语，因而不同的经济功能区应有不同的城市密度。我们无意涉及城市就业分布更具体的分类，在本章以下的篇幅里，我们讨论这种分布与土地市场的关系。

5.2 土地市场对中央商务区的影响

我们先研究城市就业相对集中的土地条件。城市就业相对集中的一个突出的表现就是出现中央商务区（CBD）或者制造区。这个区域往往位于城市中心地带，这个区域的就业密度大大高于其他地区，这个区域只限于商业企业的入驻，家庭被挤出这个区域。为了方便分析，我们先假定城市拥有唯一的交通中转站，比如只有一个港口，企业所有的货物必须先运到这个地方，再从这个地方运往他处。假定所有的企业都生产同样的产品，并且生产条件都一样，就是说拥有相同的生产函数。再假定企业对土地以及依附其上的建筑物的要求都是一样的，市场是完全竞争的，可以自由进入，经济利润长期为0。在这些条件下，企业的利润可用下面的简单公式来归纳。

$$\pi = Q(p - A - sd) - C - r_c f \tag{5-1}$$

其中，π 为企业利润；Q 为企业的产量；p 为产品的销售价格；A 为单位产品的可变成本，包括工资、原材料和燃料等；sd 为折算到单位产品头上的运输费用；C 为企业的固定成本；r_c 为土地租金，f 为企业使用的土地的数量。这个公式只表明，企业利润是企业收入与各项成本开支之和的差额。在完全竞争的条件下，企业的利润应该为0，因此，土地租金可以看成利润。有：

$$r_c = [Q(p - A - sd) - C] / f \tag{5-2}$$

如果产品价格不变，除开租金之外的其他成本都保持稳定，则企业利润正好是对租金的补偿。而土地租金应该是不同的，按前面的理论，租金取决于地块距离交通枢纽的远近，在离开交通枢纽越远的土地上生产，要求企业支付更加高昂的费用将产品运到这个交通中心上去，而正好处在交通中心位置上的土地，这类费用可以理解为0。在完全竞争的条件下，企业全部成本都应该进入价格，且不管产品在哪一块土地上生产出来，价格都应该相同。所以最终产品价格应该由支付了最高运输费用的企业成本决定，这样少支付或者不支付运输成本的企业就获得一块额外的利润，这块利润也应该转化为土地租金。土地租金等于土地的农用收益加上在各块土地上被节约的各不相同的运输成本。用式（5-2）表示，0运输距离企业使用土地的土地租金，等于 $[Q(p - A) - C] / f$。而远离中心地带的企业有一个运输成本的问题，这导致土地租金下降，等于 $[Q(p - A - sd) - C] / f$，即在原来基础上多扣去了一个运输费用。

我们也可以将土地租金看成是土地离开交通中心距离 d 的函数，用 m 表示城市边界，r_0 表示单位土地的农用收入，s 表示摊到产品上去的运输费用，则有：

$$r_c = r_0 + [sQ(m - d)] / f \tag{5-3}$$

就是说，土地租金是土地农用收入和被节约了的运输费用的总和。

这个道理，与前一章讨论的家庭住址选择的道理是一致的。那么，中央商务区或者制造区究竟是怎么形成的呢？虽然土地位置的意义对家庭和对企业都是一样的，但我们可以认为企业对土地位置效用的评价应该高于家庭，就是说如果将效用看成是土地位置的函数的话，企业的土地需求曲线应该在家庭的土地需求曲线之上，而且前者的弹性也应该小于后者。这一方面企业从优越的土地位置上获得的利润表现得更为直观，而家庭从这种位置中获得的满足看上去要模糊一点。另一方面也可能因为在房地产市场上企业比家庭更有竞争力，能够更有效地表达自己的意愿。而土地所有者永远倾向于将土地出赁给开价更高的使用者。

图 5-2 解释了企业或者商业用地与居民居住土地的分离，也就解释了为什么商业或者制造业会集中到一个城市的中心，而居民住宅会退出这个地带。还必须注意的是，各种类型和同一类型的各家企业其实也是彼此不同的，这种区别导致它们对土地位置价值的不同判断，很明显，质量更高的企业会有对土地位置更高的评价，这就导致高质量的企业更容

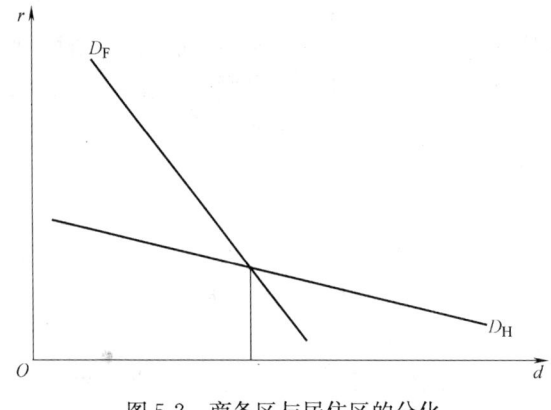

图 5-2　商务区与居住区的分化

易聚集在城市中心地带。一般来说，商业企业对土地位置的评价高于制造业企业，所以大多数都市的交通中转站、地铁临近地区、城市中心地区出现的是商务区而不是制造区。

5.3　技术与制造业的分散化

在 19 世纪欧美的大多数城市中，制造业工厂、仓库与商店、写字楼是一起聚集在城市中心的，但随着时间的推移，工业企业和商业企业的选址出现了变化，工厂与仓库逐渐移向城市的边缘。

导致这种变化的其中一个原因可能是交通条件的改善使得城市中心地带与郊区地带对工厂运输成本的意义下降了，对工厂生产来说意义重大的原材料、燃料没有必要进入都市，在周边的交通枢纽就可以得到中转。一些经济学家认为，城市位置对工业生产的影响早在 20 世纪初已经不存在了。与此同时，交通条件的改善也导致人流与物流分化，大宗货物集中在郊区周转也有助于降低企业成本。另一个原因是这一时期生产和仓储规模也发生了巨大的变化，工厂和仓库占地越来越大，为了节约土地成本，工厂不得不在价格比较便宜的城市周边地区置地。

在图 5-3 中，工业企业的土地需求曲线位置更低，表明工厂对土地位置的评价甚至比

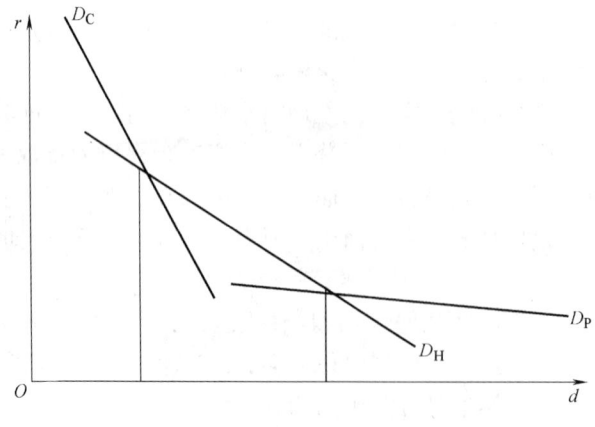

图 5-3　商务区、制造区与居住区的分化

居民更低；同时需求对位置的弹性也更小，表明工厂已经不太在乎在城市的哪个地区生产。当然同样是郊区，不同地块的交通条件还是大相径庭的，制造企业一般会将厂址选择在郊区的交通便利地区。前面引用的上海 2005 年新增就业岗位的区位分布统计中，也可以看出当代都市的这一特点。

5.4　工资、劳动力市场与办公分散化

20 世纪以后，不仅工业企业纷纷搬迁出城市中心地带，商业写字楼也出现搬离城市中心的趋势，许多大城市的中央商务区不再是唯一的，城市出现了副商务区。

城市副中心的出现显然与企业的离异原因不尽相同，一些经济学家对此开展研究。在我们最初的模型中，城市中心的形成是与居民交通费用密切关联的，也就是说，居民居住在离开城市中心越远的地区需要承担越高的交通费用，如果这种交通费用应该由企业支付给工人的工资来补偿的话，那么对企业来说，就存在一个工资梯度，它越是雇佣居住在城市中心地带的工人，需要支付的工资就越低。这一工资梯度的存在导致企业在城市中心地带落址。但这样一个假说其实是建立在企业需要全体城市居民为它服务的基础之上的，如果在城市中心落位，它就可以在整个城市范围内吸收到工资最廉价的工人。但如果企业实际上只需要很少的职工，那么它在任何地区落位其实都是一样的，只要企业周围有一部分居民存在就可以了，居住在企业周边地区的居民到企业去做工同样只需要很少的交通费用。因此，单纯的工资梯度假说并不支持城市有唯一商务中心的理论，它告诉我们受工资梯度影响的企业实际上是有条件在城市的任何一个部位落脚的，只要这些部位有企业所需要的职工。这个现象首先是被美国经济学家摩西（L. N. Moses，1962）注意到的，摩西认为，位于城市任何一个位置的企业实际上都有可能在周围招募到工资比较廉价的工人，也就是说，企业可以以自己的位置为中心形成一个职工工资阶梯，这种工资梯度可以替代整个城市的工资梯度。摩西的这一理论解释了城市中心被分化的现象，如图 5-4 所示。

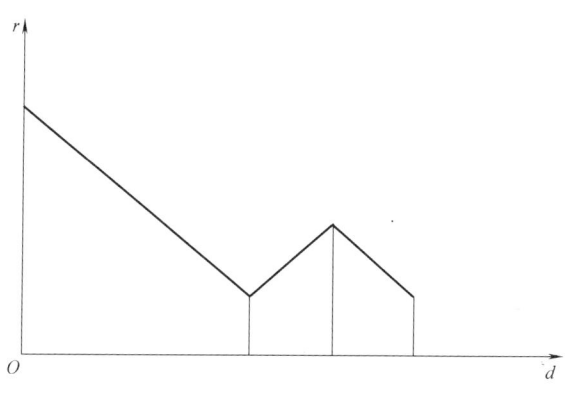

图 5-4　城市就业分散化

当然在分化出来的中心出现的企业一般不应该是工业企业，而应该是比较多地依赖人力资源的企业，前者不仅需要依赖人力资源，更需要依赖物质资源，因此它只能在物流中心落位。而一些单纯服务类的公司，与其对应的房地产形式主要表现为写字楼，就会在城

市副中心落位。虽然纯中心对它们也有吸引力，但当中心地带房价急剧上涨的时候，它们迁徙至副中心地带并没有导致太多的损失。

与19世纪的单一中心的城市相比，当代大都市大多是多中心的，多中心城市与传统的单一中心的城市相比，职工平均的交通费用可以大大降低。但就业分散化有时也会受到其他因素的制约。首先，城市已经形成的交通网络可能更有利于传统中心而不是新形成的中心，这使得一些有年头的老城市中心迟迟不见分化。其次，企业所需要的员工也是彼此差别很大的，有的企业所需要的员工需要在整个城市范围之内搜寻，比如那些对职工学历和受训水平要求比较高的金融企业。这类企业在中心城区落位要比在郊区落位就更加合理。事实上，我们也确实很少看到城市的金融中心被分散到市郊。一般来说，当代城市的次级中心不是制造业中心，也不是金融或高档服务业中心，而仅仅是商业服务中心。

就业分散化只解释了中心分化，但没有解释分中心的形成。按就业分散化假设，城市中心应当越分散越好，以至于将城市完全打散。而副中心现象要求城市又有适度的集中。显然城市副中心的形成是中心分化与聚集两种力量交互作用的产物。

企业聚集纯粹是企业的一个好的外部性问题。关于就业或者企业选位的聚集现象，经济学一直很有丰富的解释，至少历史上一直存在一种观点，认为企业聚集在一起有助于降低生产成本。一个明显的事实是物品在企业之间的运输成本下降了。但随着交通条件的改善，企业聚集的这种便利也正在变得越来越不重要，当代企业也经常喜欢将生产部门设置在远离城市中心且有比较便利的交通条件的郊区，而仅仅将总部设置在城市中心。这说明当代企业聚集的目的更多地不是降低生产成本，而是为了降低企业之间的"交易费用"。企业彼此靠得很近，有助于发展"面对面"的交流，可以随时组织谈判和刺探各种信息，可以彼此交流和共同参与研究开发，可以向居民或同行展示公司形象。这种信息利用的优势诱使企业坚守在中央商务区或者比较重要的城市副中心区。

总之，大概而言，城市副中心的形成是企业追求低工资成本和低信息使用成本的结果。如果企业总成本由工资成本和其他生产成本构成，我们可以将前者看成中心规模的正函数，而将后者看成是城市规模的负函数。图5-5可用来解释副中心规模的决定。

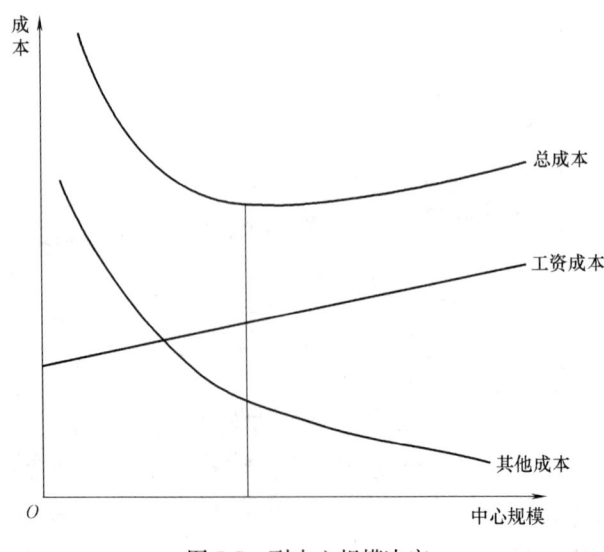

图 5-5 副中心规模决定

图 5-5 不仅是对副中心规模形成的解释，也是对传统中心规模的解释，在新形成的副中心与传统中心的分化，应该是由图中企业最低成本决定的。当副中心的最低成本低于传统中心的最低成本时，副中心就开始从传统中心分化出去了。以后如果还有可能形成更低的最低成本，则再次一级的新副中心又会出现。

专栏 5.1　规划中的上海城市副中心

上海市政府关于从 1999～2020 年的城市总体规划在保留中央商务区的同时，计划将徐家汇、江湾五角场、真如和花木建设成 4 个城市副中心。其中，徐家汇与江湾五角场占地各 2.2km²，花木 2km²，真如 1.6km²，它们分别服务于城市的西南地区、东北地区、东南地区和西北地区。同时发展宝山、嘉定、松江、金山、闵行、青浦、南桥、城桥临港新城等 9 个新城，使其人口规模达到 20 万～30 万，其中 3 个新城人口规模达到 80 万～100 万。发展朱家角、泗泾、周浦、奉城、枫泾、罗店、南翔等 22 个中心镇，使其人口规模达到 5 万～10 万。建设 80 个普通镇，使其人口规模达到 1 万～3 万。目前上海中心城区以外环线为界，面积为 660km²，仅占城市面积的 10%，人口却占了60%。中心城区显然过于拥挤。实施这个规划的目的是有效地分散城市中心区的人口。

5.5　次级中心、工资和城市土地市场

在我们关于城市中心和副中心的形成研究中，暂时舍弃了土地租金问题。土地租金应该来自家庭或者企业的收益，当家庭或者企业从土地位置中获取了某种实际利益的时候，这种收益的一部分就会转化为土地租金。

城市土地租金差别的理论上的解释应当是这样的：处于城市中心或者副中心的企业由于企业规模的扩大，需要不断补充雇员，当他们不得不到距离企业较远的地方招募职工之后，为了留住这些职工，就需要为他们支付较高的工资，用来补偿他们为来上班而导致的更高的交通成本。而企业在聘用附近地区职工时所能免除的这种成本，实际上就构成了企业的一块收益。由于这块收益归根到底是土地带来的，所以土地所有者有理由要求将这块收益转化为地租。显然，这种额外的租金要求只能是企业土地收益的一部分，如果这种租金等于企业的全部土地收益，就意味着企业在城市任何地方选位都是一样的，这就破坏了土地级差租金形成的基础。

这种用职工交通成本解释的土地租金差异听上去有点勉强。事实上，在交通比较便利的当代城市，企业为居住距离较远的职工支付的额外的交通补贴是十分有限的，因此它们雇佣周边地区的职工所节约下来的"收益"其实也十分有限，不足以支撑城市中心或者副中心地区远远高出其他地区的租金差别。因此，租金差别的来源还不止于此，应该还包括由聚集效应带来的企业收益。在大多数情况下，企业聚集带来的好处同样有可能转化为土地租金，城市中心或者副中心的土地租金差异可能更多地来源于后者。

但不管怎么说，交通费用仍是我们研究城市土地问题的逻辑起点，为我们提供了解读城市土地级差租金形成的路径。如果将企业限制在城市中心的话，则距离中心越近的家庭就越有可能享受较少支付上班费用的便利，由此节约下来的"收益"是造就城市土地级差收益的最终来源。家庭的这种"收益"被企业重视的时候，这种收益转化为企业在城市中

心或者副中心选址的动力。归根到底，家庭的收入来自于企业为其支付的工资，家庭有理由要求企业承担交通成本。而当家庭的交通成本一旦转化为工资，则土地级差租金的供给者就由家庭转让为企业，企业用雇佣周围居民而节约的费用支付这种土地租金。家庭、企业与土地所有者关系，决定了土地级差租金的实际形成。

专栏 5.2 利用土地级差收益进行上海城市建设

改革开放来，上海市的土地级差效益日益显化，土地级差收益已成为城市建设的重要资金来源。随着城市重大基础设施和开发区的建设，土地级差效益在空间分布上也发生着演变，从 20 世纪 80 年代末开始，城市设施建设和黄浦江上的数座大桥、越江隧道、地铁、高架道路等城市重大交通设施的建设，为很多新的区域土地的开发利用创造了条件。土地级差效益在调整城市空间布局上发挥着很大作用，像"退二进三"战略、外滩置换及很多企业、学校和社会公益机构的外移，主要是在土地级差效益的作用下进行的。

然而，土地级差效益的发挥和利用仍然存在不少问题。主要表现在，土地级差形式和获取手段多样且不统一，不利于建立公平竞争机制；土地超量供应影响正常的土地级差效益的形成；部分区域土地条件与土地区位优势不协调；土地隐性市场继续存在；土地闲置或低效率利用；土地税费制度不完善影响土地级差效益的发挥。针对存在的问题，培育和提升上海土地级差效益已成为当务之急，有针对性地进一步优化土地利用条件，激活有级差效益潜力的重点区域。针对公共设施、商贸繁华程度、市政条件和环境质量等制约土地级差效益发挥的情况，政府应有针对性地继续投入，改善土地利用条件，使土地得到充分开发利用，发挥土地级差效益。尤其是现在已经具备了诸如住宅规模、产业规模、市政条件、人文环境等某些土地利用条件的商贸中心、开发区、住宅区等重点区域，应根据区域土地利用特点和开发前景，进一步完善公共设施、市政设施和改善环境质量，提高土地利用率和土地级差收益能力。抓住城市重大交通干道和市政工程建设，培育新兴增长点。政府还要重视城市重大交通干道和市政工程建设使沿线或周围土地利用条件改善带来的土地开发机遇，一方面及时进行合适的房地产开发，另一方面通过道路建设，沟通沿线的商业网点、住宅区和开发区等，形成新的土地级差效益增长点，并通过其辐射作用，带动临近区域房地产开发和商业的兴起。

6 零售商业企业选址

本章要点

（1）零售商业选址主要受消费者的影响，可以从消费者降低购物旅途费用的角度研究零售商业企业的选址问题。

（2）消费者对各类商品的需要程度是不同的，可以从消费者购买频率中去探索消费者对商品的需求程度，这种频率也影响了零售商业的数量。

（3）在商店数量既定的条件下，零售商业最有效率的分布应该是平均化分布。但商店之间争夺消费者的竞争会导致它们聚集。

（4）消费者联合购物是节约旅途费用的重要手段，这导致零售中心的出现。

第六章的企业选位理论是建立在职工上班时发生的路途费用对企业经营有决定性影响的假说之上的，这个理论没有考虑产品与当地市场的关系。就是说，我们假设了企业将产品或者服务出售给全国或者全世界，而与当地消费者没有特殊的关联。适合这种经营活动的商业企业其实只有海纳百川的银行或者大的商业批发机构，因为只有它们才不必专门考虑如何迎合本地区消费者的问题。大部分商业企业从事零售，其产品或服务是只出售给本地区消费者的。考虑到这一点，企业选位理论的着眼点就应该从居住于城市不同方位的职工对企业的影响转向消费市场对企业的影响。我们应该研究将商店开设在什么地方最有利于吸引消费者这一问题。

与我们关于企业追逐职工的模型一样，零售商业企业追逐消费者也导致两种趋势，一是选址分散化，因为消费者的住所通常分布在城市的各个角落；其次是聚集化，零售商业在经营过程中一无例外地也产生好的外部性问题，它们聚集在一起有可能获得某种额外的好处。两种趋势的共同发挥作用导致城市的零售商业布局出现两个特点：其一是零售商业往往会聚集在某些居民区内，一些街区内的零售商业会明显地多于其他街区；其二，整个城市似乎不存在零售商业的聚集趋势，我们可以观察到的零售商业中心有时候并不在城市中心落位，相反出现在城市边缘。

6.1 消费者购物频率与零售商业服务设施数量

家庭收入的日常使用大致可分为两类，一类是支付房租、水电燃气费用和医疗服务费用等，另一类是购置各种日常生活用品或者获取日常服务。大体而言，前一类开支与零售商业无关，后一类购买则必须在零售商店或者服务场所里进行。一个城市零售商店的数量是由消费者的购物方式决定的，其中，消费者购物频率对商业设施的数量有着决定性的影响。

假设消费者的目的是实现消费成本的最小化，我们可以建立关于购物频率的模型。

$$C=PQ+k\nu+i(PQ/2\nu) \tag{6-1}$$

式（6-1）中，C 为消费者总成本；P 为产品价格；Q 为一年内消费物品的数量；k 为消费者去一次商店的旅途费用，ν 为一年内家庭购物的次数，也即购物频率，ν 的倒数，即 $1/\nu$，为消费周期，也即家庭将一次购买的消费品消费完毕所需要的时间；i 则为利率。

式（6-1）右边的第一项 PQ，是消费者在全年购物中为商品支付的价格。第二项 $k\nu$，是一次购物过程中发生的路途花费。第三项 $i(PQ/2v)$，是消费者因储存了消费品而损失的银行利率。这是消费者拥有消费品的机会成本。这个项目需要除以 2 是因为家庭购买的消费品是不断被消费的，假定这种消费是"平滑"的，也就是说是匀速行进的，则家庭实际上平均拥有的消费品是购买数量的一半。

式（6-1）表明，消费者花费在购买零售商品上的开支，是零售商品的价格总额和购物出行费用，以及因占有了消费品而导致的机会成本之和。这个公式可以帮助我们求得最佳购物频率 ν，方法就是让成本 C 对 ν 求导，再令导数为 0。如此可以推出使成本最低的消费次数为：

$$\nu=(iPQ/2k)^{1/2} \tag{6-2}$$

式（6-2）表明，消费者全年之内的购物次数受总的消费额、购物的路途花费和银行利率的影响。消费额度和银行利率越高，则购物行为越频繁；而购物的路途花费越大，购物的次数也就越少。

事实上，购物频率除了受上述因素影响，还要受到消费品本身特点的影响，有的商品，比如牛奶和水果、蔬菜等不容易储存，必须经常购买；而有的商品可以储存很长时间，没有必要经常购买。如果一个家庭倾向于自己不做饭而在外边用餐，则这个家庭每天或者每顿饭都必须往外跑，而理发店则通常一个月或者数个月才会去光顾。因此现在需要我们将这个道理反转过来，让购物频率 ν 成为自变量，同时假设消费额和银行利率不变，这样就让消费费用成为消费频率的函数。我们再在消费费用中扣去与消费方式无关的消费品本身的价值，则路途费用就成了消费频率的函数。显然，为了尽可能地降低消费费用，不同的购物频率的商品对路途费用会形成不同的要求。有的商品需要经常购买，这就要求提供这类商品的商店距离消费者住所尽可能近，使得消费者购物的路途花费尽可能地小。而有的商品不需要经常购买，则路途费用的节约要求就变得不太重要。可以想象，这种差别影响着一个城市里各类商店的数量。

我们无法得知各类消费品的购买频率到底是多少，但很容易找到有关各类消费品需求额和相关商业设施的数量的数据。表 6-1 是迪帕斯奎尔与惠顿根据美国政府组织的每五年一次的零售贸易普查数据而整理出来的波士顿地区 1987 年部分消费品销售额和相关商业设施数量的关系。

表 6-1 表明，美国波士顿地区的零售消费占这个地区家庭开支的比例是 37.2%。其中，饮食服务和食品购买两项都占有很高的比例，分别为 3.9% 和 6.7%，绝对数量分别是 337240.5 万美元和 575675.1 万美元。可以想象，这两个项目的消费频率应该是最高的，这种高消费频率导致这一类服务设施遍地开花，所以表中这两类设施数量分别高达 6950 家和 3075 家，遥遥领先于其他零售项目。而有些物品的消费者购物频率必定非常之低，比如珠宝，所以，其路途费用的节约对消费者来说就显得不太重要，这一类商店的数量也就不需要太多。在我们这个统计中，波士顿地区珠宝店的数量只有 504 家。

商业类型	销售额(千美元)	占收入的比例(%)	商业设施数	从业人员数	平均每一个设施的消售额(千美元)
零售贸易总额	32109978	37.2	25419	375662	1263
饮食	3372405	3.9	6950	127978	485
食品	5756751	6.7	3075	66223	1872
食品杂货店	5178412	6.0	1794	51992	2887
零售面包店	223496	0.3	665	9159	336
服装与饰品	2051969	2.4	2585	26684	794
女装和专卖店	809699	0.9	1076	11754	753
鞋店	321123	0.4	712	4304	451
家具与家居物品	1555169	1.8	1887	13442	824
汽车经销	7102357	8.2	1228	24978	5784
建材和园艺用具	1679530	1.9	1020	11756	1647
药店和专售店	1148159	1.3	900	12978	1276
酒类产品	154483	0.2	834	1480	185
珠宝店	326084	0.4	504	3719	647
百货店	2914184	3.4	168	—	17346
邮购店	558814	0.6	148	3670	3776

资料来源：转引自迪帕斯奎尔和惠顿在《城市经济学与房地产市场》。

各国零售商业的情况应该是大体相同的。在我国的经济统计中，服务业与零售商业通常是分别统计的，表 6-2 将上海服务业中的饮食业与零售商业放在一起，从中也可以看出，上海食品业、饮食业和服装业也在全市的零售商业中占据最重要的位置。可以想象，这也是与居民在这一类商店中购物频率最高的事实相互关联的。

上海 1999 年零售商业设施数量与从业人员数量　　　　表 6-2

零售企业类型	企业数量	商业网点数量	从业人员数量
饮食业	—	28709	257171
食品、饮料和烟草零售业	7282	80496	231284
日用百货零售业	4821	21750	160002
纺织品、服装和鞋帽零售业	2842	15517	70113
日用杂品零售业	737	4065	17571
五金、交电、化工零售业	8346	18185	150349
药品及医疗器械零售业	699	1925	18143
图书报刊零售业	303	1767	8654

资料来源：上海经济统计年鉴 2000 年。

为了使消费者降低路途费用，除了改变商店数量，另一个可以供选择的做法是将各类商店放在一起，使消费者在一次购物中完成各类商品的购买。很遗憾，这个统计无法反映商店聚集的状况。但表 6-2 中列出的百货公司的数据还是可以帮助我们了解这个道理。百货业包含的商品应该也有着比较高的购物频率，但表中百货业的商业设施数量处于数量最少的商品的行列。对这一点的解释就是集中购买的便利大大节约了消费者路途成本，从而使商店的数量也得到了"节约"。消费者在百货商店中集中消费，导致百货业中企业平均销售额大大高于其他商店，在这个统计中百货店的平均销售额为 1734.6 万美元，远高于处于第二位的汽车销售，后者为 578.4 万美元。

事实上，不同的商店都有相互聚集的倾向，这导致城市零售商业中心的形成。但不同商店的聚集倾向又是不尽相同的，有些商店可能并不在乎与其他商店聚集在一起，比如汽车销售商对附近有没有服装店就完全没有兴趣；有的商店只想和与自己同样的商店聚集在一起，比如服装商店；这又使得商业聚集的状况彼此大不相同。在这本教材中，我们无法研究各类商店的聚集倾向。但我们可以推想，那些消费者光顾频率较低，因而数量也比较少的行业，倾向于向大的中心聚集，那些消费者光顾频率较地高，因而数量也比较大的行业，则既有可能向大的中心聚集，也可能向小的中心聚集。行业不同的选择特征造就了城市内部规模和内涵彼此不同的大大小小的各种零售商业中心，有时候，我们可以将他们分别归类为街区商业中心、区域商业中心、专营商业中心、超级商业中心等。

专栏 6.1　我国的零售商业分类

根据我国商务部商业改革发展司的建议，我国城市商业中心可按以下名义分类。分别是：

社区商业（Community Commerce），指以居住区的居民为主要服务对象，以便民、利民和满足居民生活消费为目标，提供日常生活需要的商品和服务的属地型商业。

社区商业中心（Community Commercial Center），指一般在多个居住区的中心，与居住人口规模相对应，设置较完善的、以满足居民日常生活为主的商业和服务业，服务对象为该区域及部分外来消费者的规模较大的社区商业。

居住区商业（Residential Area Commerce），指在居住区，与居住人口规模相对应，设置较完善的、能满足居民日常生活所需的商业和服务业，服务对象主要为该居住区居民的社区商业。

邻里生活中心（Neighbourhood Life Center），指在居住小区内，与居住人口规模相对应，设置满足居民日常生活所需的商业和生活服务业，与社区服务管理合一，服务对象为该居住小区的居民，商业设施设置相对集中且与住宅相近的社区商业。

街坊商业（Street Bloc Commerce），指在街巷主要出入口，与居住人口规模相对应，设置方便居民就近购买日常生活必需商品，为居民提供所需的生活服务的社区便民商业。

而商店规格又可以区分为：

经济型（Economical Standard），该居住人群的日常生活较为节俭，消费特征以家庭自助为主，社会服务为辅，接受价廉物美的商品和必要的服务。

小康型（Well-off Standard），该居住人群的生活比较富裕，消费特征以家庭自助为基础，也依赖社会服务，有现代生活方式和个性化消费的需求。

殷实型（Wealth Standard），该居住人群的生活富裕厚实，消费特征以依赖社会服务为主，崇尚现代生活方式和个性化消费，注重消费环境和质量。

必备型业态（Basic Commercial Format），指社区商业在布局和设置时，不能完全通过市场行为进行配置与调节，但是必须设置的业态业种。

指导型业态（Oriental Commercial Format），指社区商业在布局和设置时，可以通过市场行为进行配置和调节，宜设置的业态业种。

6.2　零售商店的选址

我们先排除聚集的可能性，并假定每一家商店只销售成本相同的一种商品，假定消费者平均地分布在城市的每一个角落，而且每一个家庭都具用相同的效用函数，再假定城市各处的交通条件都一样，则商店选址的最佳方式应该是平均地分布在城市的每一块地区。

为了理解这一点，我们将家庭的分布安置在一条直线上，则商店在这一条线上的配置是平均的，如图6-1所示。

也就是说，商店彼此之间间隔的距离应该都是一样的。这种配置方式可以保证在商店数量既定条件下，城市各块地区的居民的购物成本与其他地区保持同步。

当然距离商店越近的家庭，购物成本越低，距离商店越远的家庭购物成本也越高，它们彼此之间有

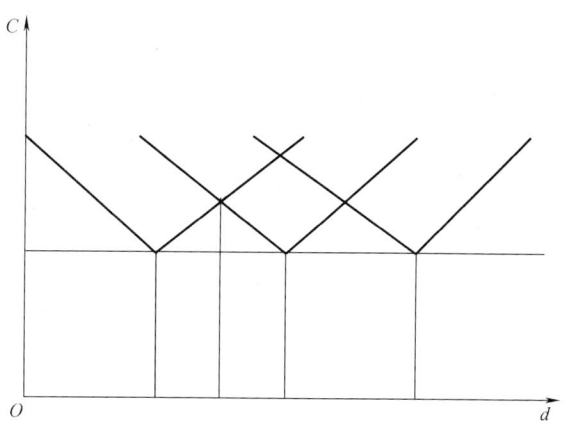

图 6-1　零售商业的选址

很大的差别。图 6-1 中的纵轴表现价格，对家庭而言，它得到的物品的价格由两块组成，一是物品本身的价格，另一个是购买这些物品的路途花费，后者包括时间花费和使用交通工具的费用。图 6-1 表明，消费者路途花费是其居家和商店距离的函数。但这个矛盾是无法消除的，消除这个矛盾要求每一个家庭边上都配置一家商店。这根本无法做到。问题的要点在于一个地区距离商店最远的家庭与其他地区这样的家庭支付相同的商业费用，而这是做得到的，只要商店均匀分布，这个要求就自然实现。

对商店来说，消费者购物成本降低，就有较大的可能接受商店里面比较高的物价，因而消费者降低购物路途费用的要求就会转化为对商店的一种激励，这种激励导致它们努力地靠拢消费者。就算价格不可能抬高，商店也可以借助低的路途成本而吸引到更多的消费者，这在经济学中的意义都是一样的，都表现为商店面临的需求曲线向外扩张了。而靠拢消费者的竞争又导致它们在选址上的平均分布。

图 6-1 表达的选址理论是最简单的零售商业选址理论，但却是零售商业选址的基准理论，更复杂的选址理论只能建立在这个经典理论之上。

值得注意的是这个选址模型是建立在商店总体利益最大化分析之上的，就是说商店平均分布有利于商店总体收益。但对出售同类物品的商店来说，它们之间的竞争在绝大多数情况下都是一种零和博弈，一家商店收益的增加必定导致其他商店收益相应减少。商店之间争夺消费者的竞争并不总是导致商业资源的合理配置。假定一个地区商店的数量非常有限，比如说只有两家，则两家商店会特别在意界于两家商店之间的消费者的争夺，因为处在商店另一侧的消费者只能到自己的商店购物，不可能越过自己的店到另一家商店去购物。在这种情况下，为了将消费者从对手那里抢过来，它就会尽量地向对手靠拢，一直发展到与对手比邻而居。这就是博弈论中的著名的"海滩占位博弈"模型，如图6-2所示。

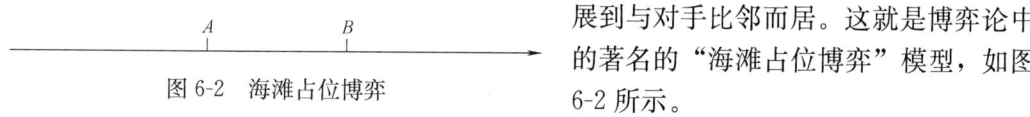

图 6-2　海滩占位博弈

如图 6-2 所示，假定消费者的住所是沿着横轴均匀分布的，由于就近购买的便利，处于 A 左边的消费者只可能在 A 的商店里购物，处于 B 右边的消费者也只可能在 B 的商店

里购物。对于这两部分消费者，A 与 B 之间不可能有竞争。处于 A 和 B 之间的消费者既有可能在 A 的商店里购物，也可能在 B 的商店里购物，这取决于它们的住所与 A、B 两家商店的距离。为了尽可能地争取这部分居民，A 和 B 会不断地相互接近，以致最后紧紧地挨在一起。

专栏 6.2 "海滩占位"与商业街形成

商业街是一种商业设施高度密集的布局形态，用通俗的话说就是商业"扎堆"在一起，沿特定街区分布。从竞争角度来看，大量相同的商业设施聚集在一起显然会增加参与者之间的竞争程度，特别是对于专业街（包括美食街）而言更是如此。但事实上，即使有很强的竞争，不计其数的同类商业还是选择进入商业街经营。传统经济学对这一现象的解释为规模效应、聚集效应、选择效应等。博弈论则对这一问题利用"海滩占位"理论来进行分析。"海滩占位"理论假设一个海滩上平均分布着游客，有两个饮料店卖同样的东西，游客们会去离自己近的商店购买。在希望获得更高经营收益的驱动下，两家饮料店最终都将选址于海滩中点，拥有相同的客源，"扎堆"在一起做生意。肯德基和麦当劳"形影不离"的道理就在于此。

所以，从博弈论的角度来看，商业聚集的形成是为了争夺竞争对手的客源，而逐渐向对手靠拢产生的。

避免商店陷入海滩博弈的办法是在商店的另一侧再设立一家商店，这使商店陷入两面作战，为使其他方向的消费者不被他人抢走，商店就不会轻易移向一个方向。但问题是总有一些商店处在城市商圈的最外侧，它们只有向内才有竞争对手，向外没有对手，这种处境会促使它们向内移动。外圈商店的内移压缩了内部商店彼此之间的距离，而在外部留下巨大的空间。另一方面，当商店过分集中在城市内部导致商店利润下降，一些商店又会跳离出来到比较开阔的外部地区去重新创业，而这又导致新一轮博弈的开始。商店选址过程中的由外向内，再由内而外的变动趋势，我们可以经常在生活中发现。当商店向商业中心聚集的时候，这种效应表现得更为明显。

专栏 6.3 当代商业中心的郊区化

Shopping Mall 是依托市郊高速公路建成封闭的购物空间。在当今城市郊区化不断发展的大趋势下，郊区 Shopping Mall 比城市黄金地段的商业中心可获得更多利润。这是因为：第一，随着郊区社区的不断开拓，居民消费观念随之改变，购物不再"唯市中心是从"。第二，一旦 Mall 在郊区立足，可以避免城市高峰时间人群的拥挤。第三，市区大大小小的购物场所十分密集，客源被大量分流，而郊区的商业中心可做到游客集中。第四，与市区相比，郊区的场地租金和人员酬金要求均较低。第五，郊区的 Mall 的场地规模更大，能容纳更多的商品品种，可以以其"一站式"（ONE-STOP）购物的便捷和齐全性吸引消费者。第六，郊区商业中心更有可能实现购娱一体化，集合专卖店等零售业态，配以服务性商店如酒店、电影院、银行、美容院、运动城、SPA 等。休闲、娱乐、餐饮、文化等产业都会在这里交融，激发顾客的"随机性"消费。第七，由于规模扩大，郊区的商业中心可以做到功能差异化，满足各类人群，令男女老少、全家出游，各阶层的消费者都乐意在 Mall 内进行更长时间的消费。

6.3 联合购物和零售服务中心

对经典的零售商店布局理论另一个重要的补充是前文已经提及的商店的聚集倾向。消费者节约购物的旅途花费的一个简单的做法就是在一次购物中同时购买几种物品，或者在购物的同时也完成某些服务的消费。这就使得将不同的商店聚集在一起变成一项有利可图的事业。了解商店的聚集问题需要我们从消费者的消费习惯分析入手，比如需要了解消费者在一次购物中喜欢同时买哪些类型的物品；或者知道消费者在买某种物品的同时，会附带地对哪些物品产生兴趣。很遗憾，已有不少经济学家发现这是一个难以完成的课题，因为我们无从琢磨消费者的想法。

因此，我们可以换一个思路，将已经形成的零售商业中心作为我们的研究对象，考察哪些因素会对中心的机构和规模产生影响。

这里，我们应该再一次重申中心的价值，这种价值可以用一种简单的方式来说明，就是它实际上也参与商店的销售业绩的决定。对一家经营零售商品的商店来说，能不能将顾客吸引到自己的店里来是将自己的商品销售出去的首要条件，将顾客吸引到自己店里来的魅力的价值，有时候大大超过价格调节的价值。假定我们要考察的商店开设在商业中心之内，则对这家商店来说，它被顾客光顾并且消费的概率就应该等于顾客到消费中心来的概率，与来到这个中心之后再光顾这家商店的概率，以及消费概率之乘积。即：

顾客消费概率＝顾客到中心概率×顾客到店概率×顾客购物的概率

这就是说，商业中心的魅力现在与商店自身的魅力同样重要，有时甚至更加重要。在这种情况下，中心对顾客的吸引力就成为在中心内部营业的所有商店共同关心的话题。

决定商业中心对顾客吸引力的条件首先是中心内商店配备的种类和数量。显然，中心内商店种类越多，规模越大，也就越有可能吸引到消费者。种类多意味着消费者可以同时完成的购物品种扩大，规模大意味着消费者有比较大的选择余地。但中心内商店的种类也不是越多越好，商店规模也不是越大越好。比如汽车销售商和房地产销售商就没有必要挤在商业零售中心；尽管零售中心可以开设很多饭馆，医院也没有必要挤在这个中心里。"合适"通常比数量更有价值。

其次，中心所处位置的交通条件对中心魅力也有重要的价值，交通条件越是便利，越能将消费者吸引到中心的商店里来。

最后，中心内各商店价格策略的同步性对中心的经营也有重要的意义。一般来说，来商业中心来购物的消费者贪图的是便利，而不是来完成价值特别昂贵、意义特别重大的购买，所以中心内的商店多应采取薄利多销的销售策略。如果有些商店走与众不同的销售路线，反而会损害中心的总体形象。

那么，中心的管理者如何来选择商店和协调商店的行为呢？在房地产自由交易的条件下，租金是中心的管理者唯一可以使用解决问题的经济手段，在西方国家，零售商业中心物业租金不同于一般商业物业的特殊形式可以帮助中心管理者实现这一目的。

在房地产租赁市场上，租金通常是在契约制定时就被确定的，租金一般不能浮动。但零售商业中心却经常采取双重租金制度，即租赁合同，既规定基础租金，又规定可变的超额租金。后者随商店收入而定，一般是在企业净收入中扣去一个百分比。双重租金的做法十分接近经济学中的"两步收费"制度，但经济学中的两步收费是垄断定价的一种方式，而双重租金制度在零售商业中心的意义则更为复杂。从积极的方面看，双重租金的意义在于既不损害物业所有者利益，又可充分降低入驻商店的租金门槛，使得那些尚未建立起商业信誉，但对提升中心品位来说又确实有价值的企业有更多进入中心的机会。这在客观上给市场自由选择企业留下了更多的机会，使得中心内的商业布局有可能更加适合消费者的需要。

另一方面，中心物业的基础租金又常常是浮动的，也就是说，中心的所有者可以经常改变基础租金价格。基础租金的可变实际上是物业所有者选择入驻商店的一种手段，这使它可以通过提高租金的方式来限制一些它认为不合适的商店的进入。如此，则中心管理者既可通过低基础租金将大门开得更宽敞，又可以通过提高这种基础租金来限制它认为不合适的对象，中心选择商店的能力由此增强了，这为引进合适的商店创造了更好的机会。

自然，按收入提取租金的方式还大大强化了中心所有者与商店利益与共的关系，这种关系也是零售商业物业的一个特点。

在一些零售商业中心，物业所有者还给一些商店的租金打折扣。这种商店一般是中心所依赖的"支柱商店"，中心管理者希望留住这些商店，让这些商店为其营造商业特色和商业氛围，并以其为基础吸引其他相关的商店。与中心对这些支柱商店态度相应的是，其他商店的租金实际上被抬高了，中心在租金制定上的这种"价格歧视"也有一定道理，因为中心内那些不太有名气的商店经营显然得益于支柱商店的商业信誉。总之，零售商业中心的租金制度要比一般房地产的租金模式更为复杂，这是零售商业中心内各类商店配置要求不容易被人们简单认识的特点决定的。

值得注意的是，租金差别的意义在我国还没有被人充分注意。我国的店面租金与商场的规模有关，一般大型购物中心的租金高，小型购物中心的租金相对低一些。如果规模相同，由于位置不同，租金也有差别，即使在同一购物中心，付出较多的租金也能够得到较好的店面位置。由于经营商品的种类和利润不同，也并非每个承租户都能够交纳同样的租金。收取的租金也分为两部分，一部分是按面积收取基本租金，称为抵押保证金或抵押租金，另一部分按销售额以一定的比例抽取，称为百分比租金。百货商店是商业物业的核心，常常能够获得较低的租金，特殊的情况还能够有所增加，并随着面积增加而递减。小型百货商店常常作为大型购物中心的次级核心承租户，在中型购物中心中可能成为核心承租户，它介于传统的百货商店和综合商店之间，其商品经营范围和百货商店大致相同。因为小型百货商店对购物中心也很重要，所以它可以通过谈判获得较低的租金，但不会低于百货商店。我国零售商业的租金状况与西方国家的状况应当是相近的，但总的来说，我们很难找到商业物业利用租金差异来左右中心配备的合适的例子。

有时候，零售商业中心管理者还会插手商店的价格。在中心内，各家商店的销售是彼此相关的，假如一家商店通过降价而促进了销售，它有可能会带动其他商店那些没有降价的商品的出售。中心管理者经常会帮助推销某些盈利较低的商品，以带动中心其他商品的出售。

零售商业中心的选址理论与前述商店选址理论应该是相同的，所不同的是与一般的商店相比，零售商业中心吸引顾客的原因要复杂得多。

专栏 6.4　上海未来的城区商业中心

　　根据上海的"十一五"商业规划，上海城区商业中心将按都市商业中心、区域商业中心、特色功能区和风情专业街、社区商业四级布局。计划到 2010 年，中心城区规划建成包括南京东路、淮海中路、四川北路等 10 大都市商业中心。建成包括老西门、打浦桥、大柏树、曹家渡等 24 个区域商业中心。建成包括新天地、衡山路、福州路、多伦路等 10 个特色功能区和 20 条商旅文结合的风情街，以及涉及服装服饰、特色餐饮、数码电器、艺术品古玩、旅游纪念品、运动器材、建材五金等领域的特色专业街。并在中心城区中外环线之间、外环线带和郊区新城建设形成 40 多个新型的多功能社区生活中心和邻里中心。规划预计上海未来社区消费将占全社会商业零售额的 1/3 以上，因此要求对现有社区商业进行改造，最终形成一个布局合理、功能齐备、质量较高的社区商业中心网络。社区购物网络建设被规划称为"51015"工程，就是要使居民步行 5 分钟可达便利店，10 分钟可达超市和餐饮店，骑车 15 分钟可达购物中心。

Ⅲ

房地产投资市场

7 家庭对住房的需求

本章要点

（1）城市的住房需求归根到底取决于城市人口与家庭结构，同时也取决于家庭选择购房还是租房的意愿。

（2）收入、交易费用、家庭的流动性对家庭的购房意愿有重要影响，研究表明，年龄对拥有住宅的倾向也有重要影响。

（3）根据边际效用确定的住宅价格可称之为住宅的"效用价格"。这种价格取决于住宅各项属性带给家庭的边际效用。

（4）住宅价格也可以从成本加利润的角度来确定，但复杂的市场关系会使房价偏离成本。

教材的第二篇介绍了影响房地产价格的区位因素。区位对价格决定确实起着重要的作用，但这种因素发挥影响的前提是房产仅仅作为一项消费品来使用，当房地产被当作一项投资品来对待的时候，情况就要复杂得多，由于多少与当下的消费拉开了距离，房地产区位的重要性会有所下降，但另一方面，房地产作为资本品的特点就会加强。

一套住宅作为一项资本品的复杂性在于其投资价值不仅取决于它在二手市场上的价格，还在于它本身的使用属性。因为即便住宅不出售，我们购买一套住宅并将其长期留在手中，对我们来说这也是一种投资行为。

为了建立一个可行的分析思路，我们暂且将位于不同区域和有着不同属性的住宅看成一样的住宅单元，我们分析影响家庭获得这样一个住宅单元的因素和家庭获得这样一个住宅单元的方式，这种方法可使我们将家庭的房地产投资与购买其他资产的行为放在一起分析。同时我们也涉及购买工业用房问题与商业用房问题。

7.1 单元住宅的社会需求

家庭对房产的需求首先受家庭本身状况的影响。对一个国家来说，一个国家对住宅的需求受人口和家庭构成的影响。比如，中国 2005 年的城市人口为 5 亿，而平均家庭构成为 3.2 人，这表明当时城市可能有 1.56 亿个家庭，住宅需求也就为 1.56 亿单元。

专栏 7.1 我国建国后的城市人口

城市住宅问题归根结底是城市人口的问题。1949 年，我国的城市化水平为 10.06%，即城市人口占全国人口 10% 左右。1949～1955 年城市人口增加 2.518 万人，平均一年增长 479 万人，1956～1960 年净增 417.9 万人，年平均增长 958 万人，比前六年平均增长一倍。城市化水平达到 19.4%。1961～1969 年，我国曾经动员大批已进城工作的农民回乡，九年间城市人口净减 3.008 万人，城市化水平退到 1952 年的 12.3％。1970～1977 年的城市人口增长虽然比较正常，但"左"的思想仍占主导地位。一方面在大小三线建设上，把工业化与城市化对立起来，分散建设了一些内迁的工厂。这一时期国家又动员近千万的城市青年"上山下乡"，这些做法被国外称之为"非城市化"。直到党的十一届三中全会以后，才出现对城市化的积极推进。1982 年第三次人口普查时，城市人口为 21154 万人，占总人口的 20.6％，比 1949 年增加 10％。我国城市化发展速度与增长百分比低于大多数国家，但由于我国人口基数大，城市人口的增长速度较快，还是给住宅供给带来了很大困难。

为了缓解城市住宅的紧张情况，我国需要继续贯彻控制人口增长的政策。控制城市人口有两个因素：一是自然增长，一是机械增长。在自然增长方面，全国每年进入结婚期的青年高达 150 万对，持续时间将达 15 年之久。人口的机械增长是我国城市人口增长的主要原因。如天津市 1978～1981 年迁入市区的非城市人口有 195000 人，而且户口一迁入城市，就需要住宅，比自然增长给住宅分配造成的压力更大。北京市在1979～1981 年三年里建成住宅面积 985 万 m^2，但由于城市人口比 1978 年净增 503000 人（其中机械增长 243000 人，占 48.3％），所以居民的居住条件没有得到相应的改善。1978 年北京市人均居住面积 $4.55m^2$，1981 年为 $5.08m^2$，平均每人只增加 $0.53m^2$。据此推算，这三年新建住宅，有 64％被人口增长抵消。从投资效果看，则抵消了这三年住宅及市政建设全部投资的 80％。从全国看，1978 年、1979 年由于大批知识青年回到城镇，使城市人口增长率分别高达 4.3％和 7.2％（我国城镇人口年平均增长率为 2.87％）。这是人口机械增长中的社会增长。

家庭是会变化的，每年都有新的家庭产生，也有一些家庭会消亡和解体，家庭的变化与人口的变化并不一定同步。考虑到这一点，住宅需求应该直接从家庭数字的变化入手。

费孝通在《论中国家庭结构变化》中指出："中国农村和城市家庭结构的变化是中国社会变动的一部分。家庭是社会的细胞，它是中国人最基本的生活单位。大社会的变动必然会引起家庭各方面的变动。"建国后，我国社会变化巨大，家庭结构也随社会变化而不断改变，而家庭结构变化又影响着住宅需求。

首先是家庭规模的变化。家庭规模指家庭数量多少和家庭组织范围的大小，根据第三次人口普查，我国目前家庭户均人口仅为 4.4 人，与历史上的状况相比是大大缩小了。可以预见，这种不断变小的趋势今后还将延续下去。家庭规模的不断变小导致我国家庭数量的增长超过人口的增长。由于一个家庭必须要有一套住房，所以未来住房的供给增长也应该超过人口本身的增长。

其次是家庭类型的变化。家庭类型是家庭结构中的主体，一般可将家庭分为六个类型：一是单身家庭，指只有一人的家庭；二是夫妇家庭，指仅由一对夫妇组成的家庭；三是核心家庭，指一对夫妇（含因一方去世或离婚，只剩一个夫妇成员）及其未婚子女组成的家庭；四是主干家庭，指由两代以上，而每代只有一对夫妇（含只剩一个夫妇成员）组成的家庭；五是联合家庭，指一个家庭中至少有两代人，而同一代中有两对夫妇（或只剩一个夫妇成员）或者以上夫妇组成的家庭。六是其他家庭，指上述五类以外的家庭。核心家庭和夫妻家庭在我国呈现不断增长趋势，在城市家庭中的比重已达 66％，而且继续增长之趋势，这要求我们在住宅设计时减少卧室数量，而保证厨房、厕所等设施的配备。

再次是家庭代际数量的变化。家庭代际数量指家庭包含几代人，其中一代户家庭指是单身家庭和夫妇家庭，有时可加上同代的其他家庭成员；二代户家庭主要由核心家庭构成；三代户和三代以上户包括大部分主干家庭和联合家庭。由于年龄、生活方式、价值观、社会地位和所受教育的不同，不同代的家庭成员之间明显存在差异，这在社会学上称之为"代沟"。这种代沟的裂痕扩大到一定地步，就会导致家庭的分裂，进而改变统计中对住宅的需求。在我国，代沟对家庭数量和住房需求到底有多少影响呢？这是一个很难统计准确的问题。

专栏 7.2 "代沟"对我国城市家庭的影响

北京市社科院社会学研究所 2005 年对西城区厂桥街道 306 个家庭的调查表明，多数人还是希望生活在三代户的主干家庭里。其中在 177 人对"愿否与老人同住"的回答中，有 166 个答"愿意"。主要原因有三：①照顾父母方便，占 52.2%；②父母可帮助照看孩子，占 28.9%；③自己无房，占 12.5%。在 158 人对"愿否与子女住"的回答中，有 111 人回答"愿意"，其中：①愿意帮助子女，占 40.2%；②照看孩辈有乐趣，占 20.1%；③精神上不孤单，占 31.3%，从上述长辈与晚辈同住的原因分析，双方是互相需要对方的，既需要对方帮助，又可帮助对方。这充分说明三代户的主干家庭在现实生活中还有相对的稳定性和重要性。在主干家庭里，一般有子女和亲代两对夫妇，家庭生活不仅有两个中心，而且存在代差，因而对居住条件就有其特殊的要求。另外，通过家庭代际分布的调查情况，可以设想一代人，两代人和三代人组成家庭的比例为 1：7：2，以作为住宅户型设计（一室户、两室户、三室户）的参考。

据清华大学建筑系和中国社会科学院社会学所联合调查的《青年结婚住宅问题初探》一稿中的意愿调查表明：从与父母同住意愿看，愿同住的占 31%，不愿同住的但愿意住得近些的，男青年占 58.3%，女青年占 63.3%。在成都、上海等地的个别访问中，许多老人赞成"分得开，住得近"的居住方式。

显然在设计住宅时，对上述各种情况考虑得越充分，住宅的舒适度就越高。从而所建的新住宅不仅能满足其近期功能的需要，而且为其远期生活需求创造更完备的条件，由此可以设想，力争使新住宅稍加改造就能适合于不同时期、不同家庭住宅功能的基本需求。这对于推行住宅商品化也有其重要意义。

家庭成员平均的年龄变化对住宅需求也有重要的影响，一般来说，家庭成员的平均年龄越小，社会面临的住房需求的压力越大。建国以来，我国出现过两次生育高峰，出生的人口占总人口的 63%。因此在过去很长一段时间里，青年结婚住宅也成了城市住宅的突出矛盾。1982 年底，北京市缺房户 66 万户，占总户数的 46.9%，其中待房结婚 8.18 万户，婚后无房 4.25 万户，合计 12.43 万户，占缺房户的 19%，占全市总数户的 8.27%。同期，上海市有 59 万住房困难户，其中结婚困难户高达 40 万户，占上海市总住房困难户的四分之一。

另一方面，老年人也存在住房需求问题。按联合国提出的标准，60 岁和 60 岁以上老年人占人口 10% 以上，或者 65 岁及 65 岁以上老年人占人口 7% 以上，即为老年型国家。老年型国家增长迅速，1950 年全世界 60 岁以上老人占人口 7% 以上的国家只有 15 个，到 1985 年已超过 50 个。我国在 1982 年人口普查时 60 岁以上老人为 7037 万人，占当时人口的 7.42‰，而 2000 年就达到 13458 万人，占人口的 10.6％。这表明我国实际上已经步入老年型国家的行列。其中，上海 1982 年 60 岁以上老人达到 139 万人，占该市当时人口的 11.5％；北京 60 岁以上的老人则在 1990 年达到 10％。"老有所养"，这要求社会关注老年人的住房需求。我国的一些调查表明，老年人数量上升会改变家庭结构，也会增加住房需求。天津市 1984 年对老年人状况进行了抽样调查，发现当时有老年人家庭经常为两代、三代同居一室，还有一些老人住在临时性的建筑，比如厨房、暗楼、过道之中，或者在外边借宿。这说明老年人改善住房条件的需要甚至比其他人群还要迫切。应该看到这种情况近年来已有所改善，但也没有完全解决。

7.2 选择购置还是租赁

住宅使用模式选择是研究家庭住宅需求的一个重要内容。在这里，住宅使用模式选择指家庭是购买一套住宅，还是租赁一套住宅。

购买一套住宅即可使家庭获得住宅的所有权，这从投资的角度看意义重大。根据国家统计局 2002 年对城市家庭财产调查，房产在家庭总资产中所占比重已达到 47.9％。而房产在农村家庭总资产中占的比重应该更大。相反，若仅是租赁，意味着家庭无意住宅资产的投资。仅就家庭积累资产的角度看，购买优于租赁，因为购置意味着家庭资产的扩大，租赁只可满足家庭在一个地区的栖息，与这个家庭的资产扩充毫不相关。假如家庭存在对资产积累的偏好，他们首先应该考虑的便是购买一套住宅，只有在购买遇到困难的时候，才会被迫考虑租赁，以解决当下居住之需。

阻碍一个家庭购买一套住宅的因素首先是家庭的购买力，这种购买力又取决于家庭的收入和利用收入的积余而形成的资产，当然也取决于这个家庭所在城市的住宅的价格。由于住宅对家庭来说是一项重大的资产，对当代大多数家庭来说，利用当下有限的收入购置一套住宅都是有困难的，所以一个城市的融资条件对家庭的购买行为有重大的影响。我们将融资条件纳入分析，那么限制家庭购买住宅的因素就是购买一套住宅所需的首付款（down payment）的大小。同时，住宅交易和贷款过程中的交易费用的大小也发挥着重要的作用。这种交易费用包括交易手续费（closing costs），以及银行规定的家庭申请住房贷款的收入条件等。

其次，由于交易费用的影响，家庭本身的流动性也对家庭的住宅购买意愿发挥着重要的影响。如果这个家庭只是临时在这个城市栖居，它易于倾向租房。因为买房是一笔大交易，涉及一大笔交易费用。在一些国家，购置一套住宅可能涉及的贷款手续费以及保险、律师费等要占一套住宅价格的 1％～3％。同时，就像买进需要支付一大笔手续费一样，卖出同样需要费用。如果一个家庭请了房产经纪人代理住宅出售事务的话，那么据统计，这种代理费大约要占到住宅价格的 3％～6％。一个新组建的家庭寻找合适的住宅，或者随着家庭成员年龄的增长和职位、趣味的变迁而更换一套住宅，需要花费大量的精力和财力。有人统计过，如果一个家庭每年都必须更换住宅，作为住宅的所有者，仅处置费用就将使它每年损失住宅价值的 10％。与买房相比，租房虽然也会导致一系列的费用，但这种费用要低廉得多。在美国，承租者只需要提供一到两个月的银行存款作为资金担保，支付少量的寻租费用。

人口流动在我国也正在成为一个影响家庭住宅模式选择的一个重要因素。国家第五次人口普查资料显示，2000年我国城镇人口中一直滞留在出生地的有82609478人，有35457946人已经迁徙。这就是说城镇迁移人口占总数的30％。如此巨大的人口流动必然影响住宅模式的选择。

购置一套住宅对当代家庭都具有永久的诱惑力，但房地产研究者发现，住宅所有权对家庭的吸引力是随主要家庭成员年龄的变化而不断改变的。一般来说，主要家庭成员的年龄越大，这个家庭购置一套住宅的愿望也就越强烈。解释这种现象的理由可能是这些主要成员工作和家庭生活方式趋于稳定，以及由此造成的家庭流动趋势的减弱。另外，家庭收入的不断提高和家庭资产的逐渐积累也可以解释这一点。表7-1是迪帕斯奎尔和惠顿依据美国数据整理的一份资料，表明住宅拥有与户主年龄、收入的关系。

户主年龄、收入与家庭的住宅拥有率%　　　　　　　　　　表 7-1

户主年龄（岁）＼家庭收入年（千美元）	<20	20～29	30～39	40～49	50 以上	所有收入段
25～34	21.7	37.3	53.4	58.9	68.5	44.3
35～44	36.6	55.2	683	77.6	85.4	66.5
45～64	59.4	73.1	81.5	85.6	90.5	78.1
65 以上	67.5	84.9	87.6	89.6	91.7	75.5
所有年龄段	48.3	58.3	68.0	74.9	84.3	64.1

资料来源：迪帕斯奎尔、惠顿《城市经济学与房地产市场》。

这些数字表明，收入提高对拥有住宅有着绝对的影响力。不管夫妻处于什么年龄段，其收入越高，越想购置一套住宅。年龄增长对拥有住宅也有着重要的影响。夫妻年龄越增长，也越想拥有一套住宅。但在美国，64岁似乎是一道分界线，64岁之前的美国家庭服从这一规律，户主年龄过了64岁，不管收入如何，其拥有一套住宅的愿望反而下降了。老年家庭住宅拥有率的下降可能与其收入下降有关。

值得一提的是，家庭的住宅拥有倾向不是一成不变的。由于人口出生率是变化的，而住宅供给又常常跟不上这种变化，所以不同时期的总的住宅拥有率也是变化的。根据迪帕斯奎尔和惠顿的统计，从1960～1980年，美国按年龄预期的住宅拥有率大约下降3个百分点，20世纪80年代后又有所回升。这是因为1960年之后，20世纪50年代美国高生育期出生的人逐渐组建自己的家庭，这使得住房陷入紧张。这种情况一直延续到20世纪80年代结束。但这一时期美国的实际住宅拥有率始终是上升的，因为这一时期美国家庭的收入提高十分迅速。

表7-2是2000年统计的我国不同年龄段夫妻的住房拥有率和住宅租用率。

这个统计表明，我国的住宅的拥有率也是随着年龄的增长而不断增加的（农村稍有例外，55～60岁这一年龄段住房拥有率稍低于45～50岁年龄段，这可能与农村家产父传子的传统有关）。这在一定程度上表明住宅自有率与年龄呈很强的正相关关系。同时，这些数据还表明，农村的住宅拥有率远远高于城市，这是因为农村家庭比城市家庭更加稳定，这一方面是在农村有着更大约束力的传统习俗的影响，另一方面也是户籍制度带来的结果。事实上，农村不可能比城市更富裕，改革开放以来，我国城乡收入差距在波动中整体呈现扩大趋势，1998年时我国的基尼系数已达到0.386，接近0.4的国际警戒线，超过高收入国家20世纪90年代0.328的平均水平。城镇则无论在家庭流动性方面还是在家庭收入方面都处于农村和城市之间。

年龄 (岁)	拥有率		租用率	租用/拥有	
	全部	自建		不含自建	含自建
城市					
25～30	62.51	22.19	37.49	0.9298	0.5997
35～40	76.44	28.01	23.56	0.4865	0.3082
45～50	81.46	31.85	18.54	0.3737	0.2276
55～60	84.47	30.02	15.53	0.2852	0.1839
城镇					
25～30	71.36	41.93	28.64	0.9732	0.4013
35～40	84.70	54.16	15.30	0.5010	0.1806
45～50	88.52	62.36	11.48	0.4388	0.1297
55～60	89.67	62.89	10.33	0.3857	0.1152
农村					
25～30	96.12	93.31	3.88	1.3808	0.0404
35～40	98.22	95.44	1.78	0.6403	0.0181
45～50	99.07	96.97	0.93	0.4429	0.0094
55～60	99.04	96.94	0.96	0.4571	0.0097

注：此表根据北大人口研究所《中国人口和家庭户变动与住房状况研究》表 18 编制。

　　然后我们引入另外一组数据：第五次人口普查中"省、自治区、直辖市家庭户按购建住房费用分的户数（乡村）"一项数据显示，全国农村人口购房、建房支出在 1 万以下的达到 56.77%，其中贵州省达到 83.95%，2 万元以下的全国达到 79.8%，而此项城市 2 万元以下的才 49.47%。这更说明在我国农村人口住宅拥有率高不是因为家庭资产拥有量大，而是因为乡土情节浓重、家庭流动性弱。当我们从表中剔除自建住宅后，会发现农村的租用/拥有比高于城市和城镇，农村人口由于财富积累不足住宅拥有率相对较低。这正说明了家庭资本积累和家庭短时融资能力对家庭住宅使用模式的影响。

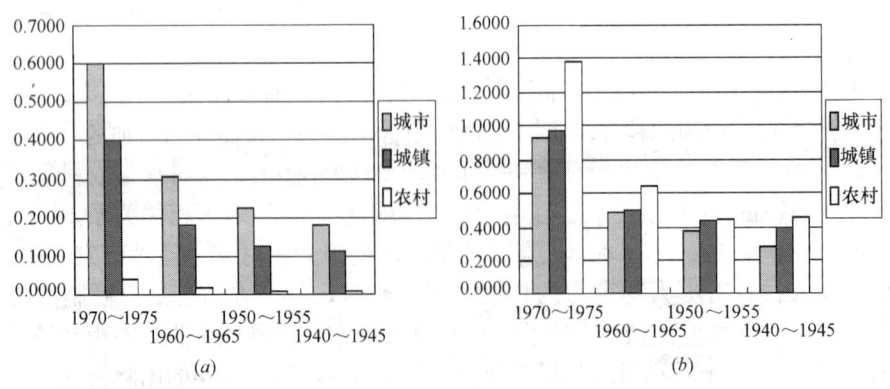

图 7-1　家庭住宅使用模式

(a) 租用/拥有（含自建住宅）；(b) 租用/拥有（不含自建住宅）

7.3 单元住宅价格

考察单元住宅的真实价格具有重要的意义。由于房地产市场的非竞争性，住宅实际价格偏离客观价格的可能性非常之大。而偏离人们消费水平的单元住宅价格却可能降低不富裕家庭的生活质量。那么，住宅合理价格应该怎么确定呢？

住宅价格受住宅属性的影响很大，住宅彼此之间差别是很大的，因此理论上我们只能讨论具体住宅的价格，无法讨论抽象意义上的一般的住宅价格。这里讨论的，也是大众传媒上经常出现的住宅价格，是指各类不同的住宅转让时发生的平均价格（有时候，我们根据某种方式确立的住宅价格指数更有可操作性）。值得注意的是，这种平均的住宅价格还会随着时间的推移发生变化，原因就如我们平时看到的那样，城市住宅的建筑质量通常每年都在提高。单纯的住宅价格应该将随时间变化而发生的价格变化也排除出去。

按微观经济学理论，如果市场是完全竞争的，这种单纯的住宅价格应该反映住宅带给家庭边际效用。住宅的销售方式保证了住宅价格与其边际效用连接的可靠性。不管是开发商还是住宅转让者，他们通常都会将住宅卖给开价最高的需求者。这种住宅出售方式与拍卖几乎没有区别。从经济学理论上讲，住宅的这种竞拍出售方式可以使住宅最充分地反映住宅带给家庭的边际效用。住宅带给家庭的效用又是由住宅的各项属性决定的，理论上我们应该将每一项属性带给家庭的边际效用区分开来，但住宅属性又不可能分开来出售，所以我们只能统计笼统的住宅边际效用。

根据边际效用确定的住宅价格可称之为住宅的'"效用价格"。这种价格取决于住宅各项属性带给家庭的边际效用，设 X_i 为住宅第 i 项属性带给家庭的边际效用，α_i 为第 i 项属性的产出弹性，住宅价格就等于整套住宅的总的边际效用，再考虑到这些效用之间存在互补性，住宅的效用价格 P 可以写成各项属性带来的边际效用的乘积。

$$P = X_1{}^{\alpha 1} \cdot X_2{}^{\alpha 2} \cdot X_3{}^{\alpha 3} \cdot X_4{}^{\alpha 4} \cdots X_i{}^{\alpha i} \cdots X_n{}^{\alpha n} \tag{7-1}$$

式中各项属性产出弹性 α 的数值之和应该小于 1，表明住宅的边际效用应该是递减的。

如果随时间的推移住宅质量等因素发生了变化，则可以在上述式子上再乘以一个随时间变化的变量。

单元住宅的效用价格可以用来反映家庭对住宅的需求规律，但遗憾的是由于家庭针对住宅各项属性的效用函数很难估计，所以这种方法只有理论上的存在价值。

一种常用的估计住宅效用价值的方法是考察住宅的重复销售价格。重复销售价格是指同一套住宅反复销售过程中呈现出来的价格，如果市场是充分竞争的，而住宅在重复销售的过程中又没有改变属性，则此时表现出来的价格就可以看成是这套住宅边际效用的可靠表现。

住宅的价格也可以从成本的角度来计量。如果市场是竞争的，则产品的边际成本与边际效用应该是等价的，因此统计成交住宅的成本耗费，也是观察住宅客观价格的合理手段。

住宅成本一般可包括以下六个项目：

（1）土地价格。它指房地产开发企业为获得土地而支付的费用，包括取得土地使用权、拆迁、安置费用等所构成的土地价格。我国以前土地使用权获得方式有划拨、出让等，随着经济体制改革的深化，从 2001 年中央政府规定所有商业性土地使用权都必须招标拍卖。土地使用权获得方式的改变很大程度上影响开发商的前期投资的成本，这将在房地产成本上有一定的体现，但却并不一定体现在价格上，因为在卖方市场上卖方不完全根据成本定价，而是依据买方购买力和购买意愿定价。

（2）勘察设计费用。它指工程开工前的一些准备性工作所支出的费用，包括规划费、建筑设计费、地质勘察费以及施工执照费等。

（3）建筑安装工程费用。它指各种房屋、建筑物的建造工程和各种设备、装置的安装工程所支付的费用，包括土地开发费、房地产主体建筑物与配套设施的建筑和安装费用、为施工而进行的各种准备工作和临时工程以及完工后的清理工作所支付费用等，但不包括被安装设备本身的价值。一般我们以房地产开发企业支付给建筑企业的费用为建筑安装工程费用，它实际上已经包括了建筑企业的成本、税金和利润。

（4）设备、工具、器具购置费用。它指建设单位或企、事业单位购置或自制的，达到固定资产标准的设备、工具、器具的价值。

（5）开发管理费。它指房屋建设和销售过程中所支付的各项管理费用，包括房地产开发企业的职工工资支出、广告费、福利费和办公费等。

（6）贷款利息和税金。房地产开发行业是资金密集型行业，企业自有资金难以维系巨大的资金链，向银行贷款是企业弥补资金不足的一个重要手段，而贷款利息则成为房地产成本的一个组成部分。税金包含房地产交易的契税和房地产开发企业的营业税、所得税等。

如果市场上充分竞争，我们就没有必要在统计住宅成本的时候加入厂商利润的因素。按经济学原理，竞争市场上的厂商长期利润应该等于 0。

但值得一提的是，房地产市场的竞争度通常是很低的，这种很低竞争度是由一系列复杂因素决定的。考虑到住宅市场的非竞争性，我们就不能不注意到住宅价格的不稳定性。导致这种不稳定首先是成本因素。房屋的成本主要包括取得土地使用权费用、土地开发投资（一般指"七通一平"）、建筑安装费用、税费支出、贷款利息支出以及管理费用等，这些费用形成的成本确立了房产价格的基础。由于影响房价的因素众多，成本的增加不一定引起房价的提高。虽然如此，但它意味着房屋售价底线的提高，成本是决定房屋价格的基本因素。

其次是供求因素。"物以稀为贵"，供求曲线永远都处于一种动态的平衡之中，这是市场经济体制下颠扑不破的真理。大规模的人口死亡（如黑死病）、人口迁移（如在城市化进程中的人口流动）或大规模的房产损毁（如地震、大火灾等）都会引起住宅供求之间的不平衡，导致房价的起落。同时由于人口增长和房地产开发所需时间较长，一旦引起住宅供求之间的不平衡，这种不平衡就会持续相当长一段时间。

第三个因素是房产相关资源的稀缺性，这主要指土地。土地的稀缺性无论在社会主义国家还是资本主义国家都广泛的存在，它主要表现为三个方面：一是总量的稀缺性，土地是不可再生资源，随着人口的不断增加，土地总量不会有大幅度的增加（小幅度的增加是可能的，如荷兰围海造田等），土地人均占有量的降低是一个绝对的趋势；二是区位层面的稀缺性，土地区位优势的存在是由于这些土地是地区、国家乃至世界的经济政治中心，人口密度较为稠密，所以具有区位优势的土地比一般土地更具稀缺性；三是制度层面的稀缺性，国家通过法律、制度、整体规划等限制、规范土地利用，如我国对土地一级市场的垄断、对人文和自然保护区建筑工程的限制等，使土地更显得稀缺。土地的稀缺性使房地产供给受到限制，阻止了房地产价格的回落。

第四个因素是信息的不对称性。房地产业是一个高度专业化的产业，不仅技术专业化，而且市场也专业化，建筑材料的质量、价格、建筑内部结构以及其合理性、房产销售状况、消费者真实需求状况等都是内部信息，一般消费者个人无论从信息收集还是信息分析方面都困难重重，这些信息的不对称使消费者在房地产市场上处于劣势地位，房价高于均衡价格。市场透明度越低，信息不对称对房价的影响越大。

依据这些表述，我们可以把商品价格分为三个部分：一是厂商的生产成本（c）；二是厂商获得的合理利润（i）；三是厂商因利用新技术、新方法而获得的超出正常利润的正经济利润（e），这部分利润随着新技术、新方法的普及趋于零。公式描述为：

$$p = c + i + e \tag{7-2}$$

如果市场是比较健康的，厂商有限的利润应该与生产成本保持适当的比例，单位资本获得单位利润。我们假设厂商资本利润率为 r，则厂商的合理利润就可以用成本的函数表示出来，写为 rc。这种成本与利润的正比例关系在市场经济不完善的我国表现的不很明显，但也可以作为研究商品价格的重要参考。

厂商除了赚取合理利润和利用新技术、新方法带来的超额利润外，还可以利用产品供求、信息不对称性等赚取大量利润，这些不是由投资增加而带来的，我们称之为资本外收益，相对应地称厂商的合理利润为资本收益。如果我们把 e 扩大为资本外收益，则上式也可以表示市场经济不完善国家的商品价格。这时我们可以把上式重写为：

$$p = c + rc + e = (1+r)c + e \tag{7-3}$$

这样当我们统计出某行业的资本利润率后，就可以把资本外收益 e 表示为关于成本 c 的函数，通过研究资本外收益相对成本的变化来观测商品价格的合理性。

8 家庭的住房消费研究

本章要点

(1) 家庭的住宅需求准确地说是一种住宅服务需求，收入对这种需求的影响最大。

(2) 城市家庭收入的两极分化改变了房地产需求曲线形状，这在一定程度影响了房价。

(3) 家庭的住房需求还受到家庭规模、家庭流动和住房服务变化等因素的影响。

(4) 空置率是反映住房供求矛盾的一个重要指标。

第七章研究了家庭对住房的消费需求。我们知道，这对了解住房价格的变化是很不够的。第一，家庭对住房的需求不仅产生于家庭消费活动，还产生于家庭的投资动机。第二，即便是单纯的消费活动，也还存在消费需求不断变化的问题。第七章研究的家庭需求可以说是停留在一个时间瞬间的消费需求，实际上随着时间的变化，这种需求在发生着改变。了解家庭住房消费需求的变化要求我们深入地研究住宅到底给我们提供了多少服务，研究住房服务需求是对住房需求研究的一种延伸、一种深化。有时候，我们也可以将房地产市场称之为住房服务市场。

一套住宅能够提供给我们的服务是由这套住宅的自然属性决定的，而房地产经济学不同于房地产商品学，关于住房的这种自然属性，是我们在这门学科里无法进行分类整理的。在这一章，我们假定住宅带给一个家庭的服务是与其价格表现完全一致的，价格的不同被理解为住宅服务的不同。我们研究住房服务的要点是影响我们获得这种服务的各种经济条件，包括家庭的收入，家庭的生命周期、家庭流动性等。站在服务的角度看房地产也可以引出一些新的重要的概念，住房空置率即是这样的概念。

8.1 收入对于住房服务需求的影响

影响家庭获求住房服务的第一个关键因素是家庭收入。一些经济学家认为，家庭收入中用于住房开支的部分应该是相对稳定的。德国经济学家恩格尔就认为，家庭收入中用于食品部分的开支是一个常数，它不会随收入的增加而增加，而用于住房部分的开支占收入的比例也不会变化，比如一个家庭会用其收入的 20% 获得住房消费。家庭年收入与一套标准住宅价格的比例称为房家收入比，国际上公认的"房价收入比"应该为 3～6 倍，世界银行专家的说法为 4～6 倍。但也有人认为，每个城市都有自己的特殊情况，不存在一般房价收入比例。但不管怎么说，家庭收入越高，它希望得到的住房服务水平也越高。

住房需求的变化对收入变动的关系可用住房需求的收入弹性来表示。迪帕斯奎尔和惠顿在他们编著的《城市经济学与房地产市场》一书中，依据美国 1989 年人口普查数据，分析了美国家庭住房服务需求的收入弹性。表 8-1 是他们归类的不同年龄组家庭收入与住房价值的关系。

家庭年收入(美元)	户主年龄(岁)				
	25～34	35～44	45～54	55～64	65 以上
20000 以下	43822	70817	65407	72928	81514
20000～29999	51145	73206	77353	76427	100750
30000～39999	61964	75588	77720	87030	101464
40000～49999	93814	98544	111975	102495	113643
50000～74999	109679	122282	114804	117287	152532
75000 以上	182377	190244	196848	171571	160292

资料来源：迪帕斯奎尔、惠顿《城市经济学与房地产市场》。

从这一份资料中我们可以看到，家庭获得的住宅服务水平与其收入是正相关的，家庭收入越高，其拥有的住宅的平均价值就越大。相对而言，户主年龄与住宅价值的关系就没有那么密切。这个资料表明，在某些收入段，当户主年龄过了 55 岁之后，家庭拥有的住宅平均价值反而还有下降的趋势，这种变化可用长大了的孩子离开家庭，使家庭规模重新变小来解释。根据这些数据估算，美国家庭的住宅收入弹性大约为 0.8 左右。就是说，家庭收入增长 1 倍，其住宅服务的需求增长大约 0.8 倍。当然这只是根据拥有住宅的家庭的统计数字估算出来的，没有考虑租房家庭的情况。但美国经济学家认为，家庭住房的的这个弹性值是非常稳定的。值得一提的是，当我们使用这个弹性数值的时候，应该注意到用现在方法使用的收入应该是指家庭的持久收入，临时性的、变动不居的收入不能成为我们分析问题的依据。

还需要考虑收入分化对需求的影响。如果某一项物品的社会需求是有足够弹性的，需求会促使厂商彼此压价竞争，即出现经济学讲的帕特兰竞争，其结果是价格迅速回落，一直跌到厂商的边际成本。但如果社会需求是缺乏弹性的，则厂商单纯提高价格就可以增加收益，这时厂商谋求提价的冲动会超过扩大销售份额的冲动。房地产本来应该是一种有着极大的需求价格弹性的商品，但收入分化却有可能大大限制需求对价格变动的敏感性。

如图 8-1 所示，如果一个社会的收入是完全平等的，则随着产品价格的上升，家庭会依据边际效用的变化决定需求数量，如果没有其他因素掺杂其间，这种数量的变化仅仅反

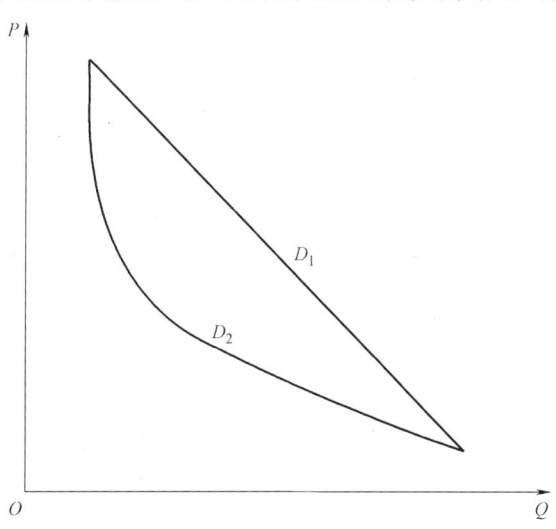

图 8-1　存在收入分化的需求曲线

映边际效用的递减过程，可以想象，需求价格的下降速度应该是相对稳定的，需求曲线有比较的可能表现为一条直线。但如果社会存在收入分化，则在商品价格开始上扬的时候，中低收入家庭家庭会不断退出市场，这加快了数量减少的速度。而在另一端，有能力购置房产的高收入阶层则不受价格变动影响，当数量变动一旦进入以主要高收入家庭组成的群体范畴的时候，变动的速度就会突然放慢。结果就使需求曲线变得更为弯曲。而在需求曲线变弯以后，只要数量减少到一定程度，需求价格弹性就会丧失殆尽。

消费者收入分化对商品需求的影响是传统经济学很少研究的问题。这可能因为收入分化对日用消费品几乎没有影响；而奢侈品消费虽然与此有关，却不会发展成为社会问题，因为低收入阶层可以不涉及奢侈品消费。房产的特点在于一方面它几乎为所有的城市居民所必需，另一方面却又只有高收入阶层才买得起它，房产因而可能是将收入分化的影响问题充分彰显出来的唯一商品。自20世纪90年代中期以来，上海居民家庭收入连年上升，对住宅需求产生了巨大的推动作用。但问题是这一时期房价上升的速度远远超过了城市居民平均收入增长的速度，所以上海的房价变动就不能用收入变动来解释。事实是，正如今天大多数居民可以感受到的那样，上海的房价已经偏离了人们按平均计算的收入的支撑力。

据《上海统计年鉴》提供的数据，上海1999年从业人员年平均收入为16296元，2004年为28633元，5年里上升了75.7%，如表8-2所示。

上海市从业人员历年年平均收入 表8-2

年份	1999	2000	2001	2002	2003	2004
收入(元)	16296	18052	20876	22612	25565	28633

资料来源：上海统计年鉴。

而在同一时期，一套设施相齐备的住宅的平均价格却由33.3万元上升到68万元，上升了104.2%，如表8-3所示。

上海一套住宅历年的平均价格 表8-3

年份	1997	1998	1999	2000	2001	2002	2003	2004
价格(万元)	27.6	30.5	33.3	39.7	43.8	48.4	60.1	68.0

资料来源：上海统计网。

恩格尔曾经指出，家庭的食品开支不受收入变动的影响，家庭的食品开支应该是一个常数；而住房开支也应该在收入中保持一个固定不变的比例。如果恩格尔的这些著名判断都是正确的，再假设如大多数经济学家想象的那样，一个家庭用其收入的20%～25%满足住房消费是合乎理性的选择，同时假设一个家庭动用10年积余下来的收入来购置房产，则1999年上海一个平均拥有2个劳动力的家庭，对一套住宅的开价应该在65184～81480元，而2004年是114532～143165元。两者都远低于当年的实际房价。

原因只有一个，就是不是所有的人都在市场上买房，出现在房地产市场上的需求者永远只是人群中的少数。有一个统计可以大致反映社会上有多少新住宅的需求者，这就是市场参与率（如表8-4），即当年房屋交易套数与城市总户数之比。

取自互联网上的这份资料表明，1999年上海有1.68%的家庭参与了买房，如果假定这些家庭是动用10年积蓄来购置新房的，则可认为当年上海有1.68%的家庭有购房的可

年份	1997	1998	1999	2000	2001	2002	2003
参与率(%)	0.97	1.68	1.68	2.46	3.13	4.45	4.71

资料来源：上海房地产资源网。

能性。参与买房的家庭 2003 年达到 4.71%，也就是说到了该年，突然有 4.71% 的家庭有了购房的可能。这显然是一个偏高的数据。这样的市场参与率可能并不反映居民真实的消费欲望，原因在于，2000 年之后房价的持续上升导致投机需求大量进入市场。一般情况下，大约 20% 的居民参与购房活动可能是比较真实的。显然，如果一个城市收入最高的 20% 的家庭与其余家庭的收入差距越拉越大，是有可能推动着房价异乎寻常地上涨的。

8.2　家庭规模对住房服务需求的影响

不仅收入会影响家庭的住房服务需求，家庭规模对住房需求也有重要的影响。理论上，家庭规模越大，家庭对住房服务的需求也越大，这是因为家庭规模变大会使得家庭各方面的需求都变大了，如对食物、衣服等各种生活必需品的需求就是这样。

但统计也发现，如果收入固定，家庭规模在变大的同时，对住房服务的需求有时候反而会有轻微的下降。迪帕斯奎尔和惠顿就发现，美国中等收入家庭平均拥有的住宅价值 7.8 万美元，其中单身或者两人家庭平均拥有的住宅价值为 8 万美元，而三人或者四人家庭平均拥有的住宅价值反而下降为 7.5 万美元。在其他收入段，这种情况也时常发生。对这个问题的合理的解释是家庭规模如果没有伴随收入一起扩张，则规模的扩大就会导致人均的收入的减少，这使得他们对住房服务的需求反而下降。这就是说，收入对住房服务需求的影响非常重要，这种影响有时会左右其他因素对住房需求的影响。家庭规模主要指家庭数量多少和家庭组织范围的大小。

我国正处在一个家庭规模逐渐变小的时期，我国第三次全国人口普查时期的家庭户均人口为 4.4，比 1964 年第二次人口普查减少 1.9 人。其中，京、津、沪、宁、穗等大城市的家庭户均人口为 4.08。另外，家庭人口的分布由分散到集中。全国人口普查中三口至五口之家合计为 53.95%。根据我们这里的分析，家庭规模变大未必会增加对住房服务的需求，家庭规模的缩小也未必导致对住房服务需求的变小。因此家庭的变小并没有带来住宅需求下降的效应。事实上，由于总户数的增加，我国正处于一个住房需求不断扩大的时期。

统计还发现，家庭规模与家庭拥有的卧室的数字的关系是相当一致的。不管收入情况如何，家庭规模越大，对卧室的需求也越大。这可能说明卧室是我们对住房需求中的最基本的需求。表 8-5 仍然是迪帕斯奎尔和惠顿收集的数据。

美国中年家庭拥有住宅的卧室数量（间）与家庭规模、收入关系　　　表 8-5

年收入（美元）	家 庭 规 模				
	1 人	2 人	3～4 人	5 人以上	全部
25000 以下	2.37	2.54	2.92	3.23	2.83
25000～39999	2.45	2.80	3.01	3.35	3.00
40000～59999	2.33	2.72	3.17	3.59	3.15
60000 以上	2.72	2.93	3.39	3.76	3.40
全部	2.43	2.76	3.16	3.53	3.13

资料来源：迪帕斯奎尔、惠顿《城市经济学与房地产市场》。

我国因长期住房紧张，所以一直存在几代家庭成员共居一室的情况，这可能使家庭规模与卧室数量之间的关系变得不那么确定。但随着我国家庭收入的提高，家庭对住房服务的需求模式可能会越来越贴近西方国家。家庭规模与卧室之间的关系也越来越值得我们注意。

除了家庭规模，家庭成员的年龄对家庭住房需求的影响也很大。当夫妻年龄在20～55岁之间的时候，家庭住房需求会明显受收入提高和家庭规模扩大的影响，这是因为这个年龄段的夫妻需要养育子女，也需要不断积累资产，包括不动产。尤其是夫妻年龄在35～55岁之间的家庭，他们对不动产的兴趣会越来越大，超过对其他流动性更强的资产的追求。年龄过了55岁的夫妻，情况会变得复杂，他们中有的人会由于子女的离开对住房服务的需求有所下降，有的人会因活动的减少而减少了对增加住宅服务的兴趣，但也可能有人对住宅服务的需求更加强烈。

8.3 消费家庭流动性和住房服务需求的变化

家庭需要经常性地改变自己的住房，我们将这种情况称之为家庭流动。一个城市的每年需要搬迁的家庭大约接近家庭总数的20％。一个城市的住房需求在很大程度上是家庭搬迁造成的，而不是单纯的家庭的增加造成的。造就家庭搬迁的原因是多种多样的，比如工作场所的变更、结婚与离婚、移民等。因家庭收入、家庭规模、家庭结构的变动而更改自己的住房通常是造成家庭搬迁最主要的因素。事实上，许多家庭是通过不断的搬迁来达到改善住房的目的的。一对在城市定居的青年夫妇通常会在建立家庭之初选择租用一套公寓，以后随收入的提高而选择购买一套稳定的住所，再随收入的继续提高和子女的出生而选择更大和条件更为完善的住所。统计表明，夫妇年龄越轻，其搬迁的频率也越高，随着家庭的逐渐稳定，搬迁的频率也会逐渐降低。而住房的租赁者与拥有者相比，搬迁的频率也更高。

8.4 空置率、搬迁率和住宅销售额

由于搬迁，有时会造成房产不能及时出售或者出租，造成拥有者住房空置的风险，开发商的房产卖不出去，也会造成房产空置。住宅空置可以被定义为住宅等待出售或者出租。这样的定义排除了废弃或者准备拆除的房产，以及临时性或者季节性地被居住的住宅，因为它们根本不准备出售或者出租。

住宅的空置量取决于住宅平均的等待销售或者出租的时间长短。平均的销售或者出租时间除以当年等待销售或者出租的总量为空置量。

空置量对住宅存量之比为空置率。

据统计，美国的独栋住宅每年大约有8％～10％可能换手（表8-6），交易额大约为550万套，而平均销售时间大约为2～3个月，空置量大约在130万套左右，这与全部住宅存量相比是微不足道的，美国独立住宅的空置率大约在2.3％。公寓的周转率则更高一点，约为30％，这就造成比较高的空置率。

城　　市	年搬迁率	空置率	城　　市	年搬迁率	空置率
洛杉矶	9.1	0.9	华盛顿特区	10.6	1.1
旧金山	8.6	0.9	费城	5.8	1.2
底特律	6.9	1.0	凤凰城	12.0	2.8
波士顿	5.5	1.0	达拉斯	3.9	3.9

资料来源：迪帕斯奎尔、惠顿《城市经济学与房地产市场》。

　　住宅空置率的概念相当于宏观经济理论中的存货。存货是国民生产总值中必定存在的东西，因为总有一部分产品处于生产的过程之中或者生产出来还来不及销售出去。住宅也是一样，住宅销售或者出租总是需要一定的时间，所以适当的住宅空置是必要的。但住宅空置率过高，就像存货数量过多一样，说明住宅的供给超出了需求。住宅的空置导致住宅服务效用的丧失，这对住宅的拥有者来说，无疑是一种浪费。如果一个城市的房产出现很高的空置率，无疑也是一种消费资源的浪费。

　　我国近年来商品房空置增长过快，这个问题已经引起了经济学家们的广泛关注。虽然我们很难得到我国住宅空置率的准确数据，但据统计，2006 年第一季度，等待出售的城市商品房面积达到 1.23 亿 m^2，比 2005 同期年增长 23.8%。其中，成都商品房空置 65.36 万 m^2，增长了 70.7%。而同一时期，全国房地产开发企业累计完成房屋施工面积 10.31 亿 m^2，同比增长 23.3%；完成开发土地面积 5284 万 m^2，增长 53.3%。

8.5　住宅空置率与价格

　　就像商品供求关系的些许变化都会导致价格变化一样，住宅空置率的变动对住宅价格也有着深刻的影响。住宅空置率上升，表明住宅供给可能超过了需求，这会导致住宅价格下降；反之，住宅空置率下降，表明住宅的供求关系发生了逆转，这会导致住宅价格上升。无论是住宅交易市场还是住宅租赁市场，这种相关关系都应该是非常明显的。有数据表明，在住宅租赁市场上，空置率与住宅租赁价格的负相关关系表现得更为明显。这可能是因为在住宅租赁市场上，投资因素几乎不发挥作用，需求单纯由住宅消费决定。

　　根据经济学供求理论我们可知道，如果商品的供求关系发生了变化，则这种变化可以带来两个结果，一是商品待销时间发生变化，二是价格发生变化，这两种结果在一定程度上是可以相互替代的。比如，商品的供给超过了需求，它可以导致价格下跌，也可以导致滞销。一旦发生滞销，则理论上商品价格下跌的现象就会出现得晚一点。但时间拉长，商品老是处于滞销状态，则价格最后还是会跌下来。

　　住宅的供求关系当然也服从这个道理。这样就给我们带来一个新的问题，一旦住宅供给超出了需求，究竟是价格先下跌，还是住宅空置率先上升呢？因为空置率的变化在一定时期内可以抵消价格变动的冲动。我们在研究住宅空置率问题的时候，发现空置率与开发商的新建项目有着密切的关系，当住宅空置率上升时，新建项目数会明显收缩。开发商新投资项目的收缩是对供过于求的市场状况的一种合理反映。但问题是既然厂商可以通过调整供给数量来适合需求，那就没有必要改变价格，至少在近期内没有必要改变价格。以后随着时间的推移，如果供过于求的局面不能扭转，则厂商可考虑再降低价格，如果需求因时间后移而重新上升，则厂商根本没有必要降低价格。不管怎么说，厂商可以尝试等待。

显然，理解住宅市场，需要我们对住宅交易者的市场行为做更深入的考察。

我们暂且排除开发商的介入，假设住宅供给是家庭在更换自己住宅的时候产生的。也就是说，我们先讨论住宅的二手市场。在这个市场上，我们可以将家庭分为三类，一类是对原有住宅很满意，不想更换住宅的家庭，它们暂时处于市场的外边；一类是不满意原来的住宅，想在市场上寻找合适的新住宅的家庭，它们构成住宅市场的需求方；还有一类是准备出售原来住宅的家庭，它们构成住宅市场的供给方。事实上，住宅市场上的需求方与供给方是同一部分人，因为卖掉旧房子的人同时也是想获得新房子的人。不仅如此，卖掉旧房子的人还必须是在已经获得新房子的条件下出售自己的旧房子，因为它们不可能在一段时间里既不拥有旧房子，又不拥有新房子。这种事实造就了住宅市场上的空置率的不可避免性，一方面大家都住在或旧或新的住宅里，另一方面，总有一部分家庭暂时性地拥有两套住宅，它们住在新的住宅里，同时准备将自己的旧住宅卖出去。在这样的假设背景下，住宅供给方的经济利益取决于住宅的销售收益、销售概率和待销成本。销售收益当然就是出售价格，销售概率与住宅空置数量关联，用公式表示为：

销售率＝住宅销售量/待售的住宅数量

这里待售的住宅数量也是就空置住宅的数量。空置成本则是住宅所有者损失的租金和保持待售住宅使用价值的维修费用。

毫无疑问，住宅供给方处在一个相对不利的地位上，它让住宅空置不能获得任何收益，却凭空增添着成本，它应该对住宅的待销时间特别敏感，总是倾向于及时地将住宅推销出去。住宅空置率的上升降低了住宅供给者的销售概率，自然也迫使他们降低自己的出售开价。因此，在这个假设空间，住宅空置率对房价有着特别重大的影响。空置率有限的上升，有可能导致住宅价格的明显下降。住宅待销时间的延长有没有可能对住宅供给者有利呢？我们知道，生活总是比基本的理论分析要复杂得多。在我们的分析中有一个隐含的前提就是住宅价格是相对稳定的，在这种相对稳定的价格条件下作出经济决策，当然销售速度越快越好。如果房价呈不断上升的趋势，则供给者"持房待售"则可能更为有利。在这种情况下，住宅空置率的上升将不会导致价格下降。

如果将这种分析中的住宅供给者由家庭改为住宅开发商人，理论上不会影响原理结论的合理性，因为开发商同样存在空置成本问题。如果开发商的投资成本主要是借贷而来的话，它实际承担的成本压力应该更大。同样道理，如果存在着房价上扬的可能性，并且房价上扬带来的收益大于空置成本的话，那么开发商也会倾向于"持房待售"，这种空置率的上升也就不会换来房价下降的效应。换句话说，这时的空置率与房价是互补的，不是替代的。

我国近年来的房地产市场经常出现房价与空置率同时上升的局面，这说明我国房地产市场已经偏离了平稳发展的轨道。

近年来见诸我国报章的住房空置，仅指没有进入交易或使用环节的一种状态，空置率的概念则与国际流行的一样，指在某一时点上空置的住房占住房存量的比率。住房空置率又可以分为一手房市场的住房空置率、二手房市场的住房空置率、综合住房空置率及住房自然空置率等。房地产市场空置率过高，说明市场还有不少房子没有销售出去。如果生产的产品卖不出去，那么产品的市场价值是无法转换与实现的。有人会说，任何在市场交易的产品都可以有一定过剩，否则既无法形成有效的竞争，也无法调整产品的结构。对于房地产市场来说，事实是有房地产的自然空置率，住房自然空置率就如自然失业率一样，其在市场中有一个确定的比重，但超过一定限度就是过了。目前的房地产市场空置率过高同时房价又过高，那么房地产市场问题的严重性也就很明显了。

央行的数据表明，2004年个人住房消费信贷增长35％以上，个人住房消费信贷总额达4700亿元，而2005年个人住房消费信贷增长为15.8％，个人消费信贷增加2600亿元，仅为2004年的一半。从2006年一季度的情况来看，居民户消费性中长期贷款增加399亿元，同比少增245亿元。个人消费信贷额的减少，这里或许有居民住房消费贷款提前还款的因素，也有房地产投机者减弱的原因，但个人住房消费信贷减少也表明居民住房消费需求的下降。如果居民住房需求下降以及住房空置率快速增加，那就说明了房价的上涨并非是住房市场供求关系发生变化，而是房地产开发商垄断定价的结果。如果房地产市场垄断性操纵定价加剧，那么对于一般民众来说，一方面就得多获得一些相关信息来了解房价上涨的原因，不为"羊群效应"所左右。

如果把这种分析延伸到二手住房市场来分析，那么内地房地产市场所面临的困难与问题会更多。尽管到目前为止，相关的统计部门没有设计出一套二手住房市场空置率的统计办法，也没有把二手房市场的住房空置率纳入政府决策的参考数据。但是，二手住房空置率之高早已是不争的事实。理由有二：一是住房租金过低，就说明二手房市场可以租出的住房过多；二是现在不少城市一些小区的房子，长期没有人交付物业管理费、水电费等。而二手房市场空置率过高，不仅会压低一手房市场的价格，也说明了房地产市场供大于求。

总之，目前房地产市场过高的空置率及价格快速上涨，既说明了内地房地产市场人为地对价格操纵严重，也说明了房地产市场投资者过多，而这些问题不仅严重影响了居民住房条件改善也降低了居民的住房福利水平，而且使内地房地产市场蕴藏着巨大的风险。如果政府不对该问题引起足够的注意并采取政策进行调整，房地产市场将陷入更深的危机！

9 房地产投资需求

本章要点

（1）投资是家庭购房中的重要动机，决定房地产投资收益的不仅有租金收入也有房地产价格的上升趋势，如果家庭购房仅仅出于利用房价上升来获利，那么投资就转化为投机。

（2）房地产投机需求改变了基本的供求关系模型，使市场失去均衡。

（3）投机也导致房地产价格的虚拟化，房地产是特别容易发生价格虚拟的商品之一。

（4）投资者队伍扩大，房地产存量的扩张和某些制度条件是影响房地产价格虚拟的重要因素。

一套住宅提供的服务不仅价值量大，而且具有特别长久的特点。住宅的购买不仅可以满足一个家庭当下关于住房服务方面的消费，也可以满足家庭以后在这方面的消费。这就决定了住宅具有投资价值。通常，一个家庭购买住宅不只是为了满足消费，也是为了购置一份家庭资产。人们经常喜欢用"安居乐业"来形容家庭生活的稳固。因此，考虑家庭的住宅需求不仅要考虑住宅提供给家庭当下的服务效用，还应该考虑其作为一份重要家庭资产的价值。

随着国内房地产市场的逐渐完善，投资考虑在购房者购房动机中的比例呈不断上升的趋势。有经济学家分析，2003年上海房地产投资占购房的比例为16.6%，也就是说，在上海1000个购房者中，大约有166人的购房目的是投资。其中，非上海本市居民在上海购房，其处于投资目的的人就要更多一点。据统计，本市购房居民中，出于投资目的的购房者的比例为14.1%；外省市购房者中投资者比例为17.8%；而境外购房者中这个比例为37.1%。其实，除了买下住宅后只是租给别人使用之外，我们是无从辨别清楚购房者真实的购房动机的。因为家庭获得的住宅总是既可满足当下的消费服务的需求，也可为家庭以后的稳定生活奠定基础；家庭通常总是既考虑自己居住其间的可能，也不排除在必要的时候出租给别人，而自己坐收租金的可能。但不管怎么说，我国购房者队伍中投资者比重在逐渐增长的说法，从总体看是不容否定的。

9.1 房地产投资

投资，或者说资本品购买，通常需要有四方面的考虑。因为不管我们投资的是什么物品，都理所当然地会受到四个因素的牵制。这些因素是资本品产生的收益，即这项资产可能为我们带来的收益；收益的不确定性，即风险；这一项资本品的流动性，即倒手卖给他人的可能性；以及国家针对这一项资本品的税收办法。购置房地产也概莫能外。住宅不同于其他商品，它的特殊性至少有以下几个方面。一是位置和住宅式样的异质性，这使得家庭有可能从住宅中获得某种垄断租金。二是使用的长期性，这一点决定了住宅作为资本品发挥作用。三是价值的特别高昂，这更增添了房产作为家庭资产的意义。四是其用途可为他人广泛地接受，这使资产容易转让。五是其依附的土地的稀缺，这又大大加剧了资产的垄断地位。房地产的这些特点，共同巩固了它作为一项重要投资品的地位。

购置一套住宅所能获得的收益可分解为许多内容，与这些收益相关的财产权利也十分复杂，但不管怎么说，人们能居住其间总是其最基本的效用。我们在这里研究房地产资产收益的时候，首先应该计算住宅的这方面的效用。住宅提供的这种效用可供购买者自己享用，也可供其他家庭享用。当所有者将房地产提供给他人使用的时候，他采用出租的做法，而自己则获得住宅的租金。一套住宅提供给购置者的效用是难以准确计算的，而且这种服务也没有经过市场，我们无法知道其市场价值。而住宅出租则是一种市场行为，只要市场垄断程度不是非常高，租金基本上可表示这套住宅提供的服务的实际价值。所以，在一般情况下，我们可以用租金的多寡来表现住宅提供的效用的大小。

表9-1是根据《上海统计年鉴》归纳的从1998~2003年的上海平均房地产租金价格指数和居民住宅租金的价格指数。这个指数是以1997年价格为100核算出来的。

上海1998年到2003年的平均房地产租金价格指数和居民住宅租金的价格指数　表9-1

租金价格指数	年　　份					
	1998	1999	2000	2001	2002	2003
房屋租金价格指数	151.9	200.1	208.3	223.7	223.7	226.4
居民住宅租金价格指数	92.2	82.9	79.4	83.3	82.5	84.2

资料来源：相关年份的《上海统计年鉴》。

从1998~2003年，上海居民住宅租金从总体看是下降的，这与这段时间里人们收入不断提高的事实似乎不太相称，与同期房价不断上升的趋势则形成鲜明的反差。这可能与这段时间上海房地产市场正在形成的特殊状况有关。随着收入的提高与国家推行的住房制度改革政策效应的显现，越来越多的人选择购房，而传统的租房者的队伍越来越小。结果，租金因需求者队伍的变小而越跌越低，房价因需求者队伍的不断壮大而越涨越高。总之，上海这段时间房价与租金价格相互背离是上海房地产市场从无到有的变化过程中的一个现象，当不会持之以恒。随着市场的形成，租房者与买房者的队伍也会稳定下来，租金价格变动与房价变动也必定会呈现更加紧密的正相关关系。

表9-1中的房屋租金价格指所有的房屋租金的价格，这个统计指标中相当大一部分房屋是商业用房。我们看到，这一时期商业用房价格是大幅上扬的，这也是上海商业市场在这一段时间的大发展的一个结果。

值得我们注意的是，购房者实际获得收益不只是租金收益，房地产本身价格的提升也可以使购房者获得一块收益，甚至是比单纯的租金收入大得多，见表9-2。

上海历年一套住宅平均价格（万元）　　表9-2

年份	1997	1998	1999	2000	2001	2002	2003	2004
价格	27.6	30.5	33.3	39.7	43.8	48.4	60.1	68.0

资料来源：上海统计网。

由于土地的稀缺性，一般来说，随着家庭收入的提高，住宅价格总是不断上升的。就是除开收入上升的推动力，房地产有时候还有其他推动力。这里统计的上海的房价就是这样。上海自从 20 世纪结束以来，房价大幅度上扬，这种上扬已经明显超出了收入上扬的速度。

据《上海统计年鉴》提供的数据，1999 年从业人员年平均收入为 16296 元，2004 年为 28633 元，5 年里上升了 75.7%，见表 9-3。

上海市从业人员历年年平均收入（元） 表 9-3

年份	1999	2000	2001	2002	2003	2004
收入	16296	18052	20876	22612	25565	28633

资料来源：上海统计年鉴。

而在同一时期，一套住宅的平均价格却由 33.3 万元上升到 68 万元，上升了 104.2%。

这种房价的上升也超出了住宅造价和土地使用权价格上升的速度。表 9-4 描述了我国自 1997～2005 年房屋的造价、售价和土地价格，由于房地产开发历时较长，当前开发项目所使用的土地一般是三年前的，土地价格相对要低一些，也有很多土地是以通过行政划拨和协商出让等方式获得的，地价更低，为了方便，我们忽略这个原因，对各个价格进行横向和纵向比较。

我国近年房产价格与成本（元/m²） 表 9-4

年份	1997	1998	1999	2000	2001	2002	2003	2004	2005
竣工房屋造价	1175	1218	1152	1139	1128	1184	1273	1402	1451
平均售价	1997	2063	2053	2112	2170	2250	2359	2778	3168
土地价格				998	1033	1078	1129	1198	1251
修正后售价	1997	2080	2099	2151	2194	2294	2376	2692	3014

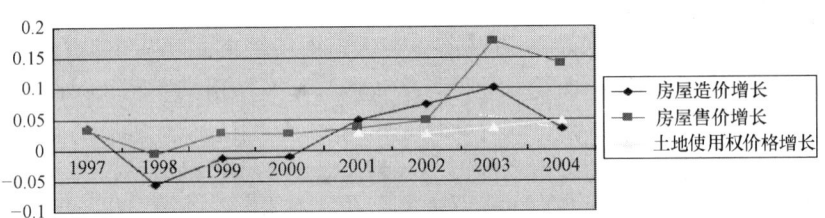

图 9-1 地价、房屋造价与销售价格走势

从图 9-1 中我们可以很明显的看出，除了 2002 年稍有例外，我国房屋售价的增长速度都要高于土地使用权价格和房屋造价的增长速度，并且这种差距有扩大的趋势。据此我们可以初步判定，我国房地产价格的增长虽然在一定程度上是成本上升的结果，但更大程度上却是受到非成本因素的影响，成本对房价的影响力不断减弱。

为进一步分析资本外收益对房价的影响，我们假定单位面积房地产成本不变，单位资本金回报率不变，同时假定 2000 年资本外收益为零（从 1997 年我国房地产行业连续亏损三年，至 2000 年才开始盈利，所以假定 2000 年资本外收益为零比较接近事实）。同时我们引入资本收益偏离率的概念，定义其为

资本收益偏离率＝资本外收益/总收益（房价）

历年我国的资本收益偏离率如图 9-2 所示。

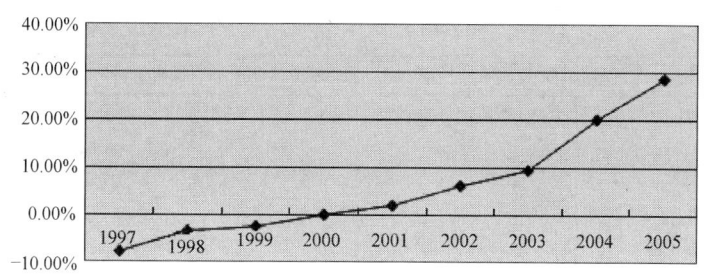

图 9-2　资本收益率变化

从图 9-2 中我们可以看出我国资本收益偏离率呈上升趋势，而且从 2003 年起这一趋势更为明显。虽然这不能说明我国房地产的合理价格应该在哪里，但是我们可以认定资本外因素很大程度上推动了我国房地产价格的增长，所以减少资本外因素对房价的影响是我们稳定房价以及使房地产价格合理化的重要途径。

9.2　加入投资因素的房地产需求

在经济学上，如果投资者不是从资产使用权的出租上获得收益，而是利用资产价格波动来获取收益，这种行为称之为投机。而投机会改变需求曲线，因为投机者总是买涨不买跌，这使得需求曲线背离需求定理。

由于土地稀缺等原因，一般认为房地产供给是缺乏价格弹性的。至少在短期内，不论价格如何变化，房地产供给总是相对平稳的。相对稳定的供给曲线与投机性的需求曲线相结合，有可能造就房地产市场特殊的供求规律，就是价格无法让供求实现均衡。

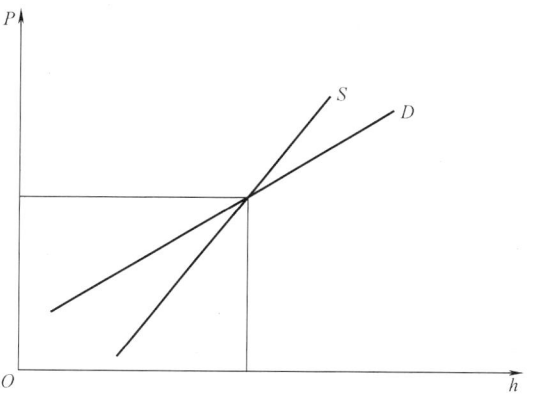

如图 9-3 所示，一旦供给价格弹性小于数值同样为正的需求价格弹性的话，价格的作用就不再是使供求实现均衡，而是使供求失去均衡。当价格高于均衡价格的时候，需求大于供给，使得价格继续上升；而当价格低于均衡价格的时候，需求小于供给，使得价格下降。

图 9-3　考虑投资需求之后的房地产供求

在这个特殊的市场上，价格总是使供求偏离均衡。如果我们一直将价格当作调和供求矛盾的工具的话，那么我们只能将这个场合描述为"价格失灵"。当然，房地产需求不止于投机，在大多数情况下，正常投资和消费是这个市场上需求的主流，但我们也不能忽视投机因素对市场的干扰。由于投机因素的介入，导致这个市场实现均衡难于其他市场。

近年来，我国各地房地产价格经常出现大幅度振荡，其幅度有时候大过国民收入波动的幅度。房地产价格变动是许多因素的综合作用的结果，但我们不能否定房产供求关系的特殊性也为此提供了一部分解释，如表 9-5 所示。

年份	人均可支配收入(元)	人均收入增长率(%)	每平方米住宅平均销售价格(元)	每平方米价格增长率(%)
1995	7172	—	2477	—
1996	8159	13.76	2968	19.82
1997	8439	3.43	2891	—2.59
1998	8773	3.95	3026	4.67
1999	10932	24.60	3102	2.51
2000	11718	7.18	3326	7.22
2001	12883	9.94	3659	10.01
2002	13250	2.84	4007	9.51
2003	14867	12.20	4989	24.51
2004	16683	12.21	5717	14.59

资料来源：相关年份的《上海统计年鉴》，上海统计网。

9.3　房地产资产的虚拟性

当房地产频繁地用于投机的时候，就产生了房地产资产"虚拟"问题。经济学所讲的资产的"虚拟"性是资产定价带来的，当一件物品价格不是由成本来决定，而是由"资本化"的方式来指定的时候，就有可能发生价格偏离成本的问题，价格远远高出成本的资本，被称为虚拟资本。

所谓资本化定价，就是根据物品未来收益的贴现值来确定物品价格。消费品的效用一般来说是当下的，没有长远收益的问题，所以一般的消费品无所谓使用这种方法核定价格。但有些物品使用周期非常之长，它会在很长的一段时间里提供效用，这就带来一个未来的满足当下如何核算的问题，贴现解决了这个问题，所以我们可以通过贴现的方式来确定某件消费品的价格。当一件物品使用的时间跨度特别大，特别经久耐用的时候，我们可将它理解为资本品，根据物品未来收益的贴现值来确定价格的做法对资本品显然是合适的。

很早之前，人们就开始用这种方法给土地定价，就是用土地的使用权价格租金，来推算土地所有权价格。但一件物品未来提供的效用往往是不确定的，存在所谓的风险问题。在很长一段时间里，经济学不知道如何避开这种不确定性而找到资本品的合理价格。到了20世纪初，欧文·费雪提出未来收益的不确定性可以用概率分布来描述，从而奠定了资本化定价的可操作方法，也就是用概率平均值来替代收益值。资本化定价方法也从此得以广泛使用。

资本化定价方法是根据物品效用确定物品价格的方法。经济学理论认为，如果市场是完全竞争的，则物品的边际效用与边际成本应该是一致的，根据物品当下的生产成本确定的价格也应该与根据物品当下效用确定的价格保持一致。但是值得注意的是，就是不考虑市场是否存在非竞争因素，由费雪完成的这种方法其实也只是解决了当下计算资本未来效用方法的理论，并没有帮助我们找到资本准确定价的可靠路径。因为我们对概率分布的了解是必须建立在完整的经验资料的基础之上的，而实际上我们根本不可能得到所需要的全部信息。由于经验资料通常无法齐全，我们也就不可能真正掌握收益的概率分布，并且无从掌握资产在不确定条件下的收益。尤其是当资产价格本身的波动也成为资产收益的重要组成部分，或者最重要的部分的时候，资产收益更是难以统计，因为影响资产价格的因素实在太多了。这就导致了使用资本化方法制定出来的价格远远偏离成本的可能性，即产生价值泡沫，而由此定价的资产也就成为所谓的虚拟资产。

一般来说各种金融品最容易发生价值虚拟问题。在《新帕尔格雷夫经济学大辞典》中，虚拟资本被定义为"通过信用手段为生产性活动融通资金"。这也就是说，全部借贷资本都可以看作虚拟资本。这可能是因为词典作者注意到所有借贷凭证都具有资本化定价的特点。正如这本词典同时指出的那样，"虚拟资本的形成被叫做资本化，当人们按平均利息率计算定期取得的各种既定收益的资本总量时，资本化就发生了。"但事实上，可能导致价格虚拟的物品远不止于金融品，房地产就是非金融的容易带来虚拟问题的一项典型物品。

为什么房地产价格会发生虚拟化呢？

当代经济学家布兰查德和费雪1998年曾研究过物品价格不被虚拟化的条件。他们认为只有出现下述三种情况之一时，价格才不会被虚拟。第一，物品的供给具有无限弹性。这在经济学中，就是说要求我们所涉及的物品有最大的可能性被其他东西替代。如果供给是无限的，那么价格对成本的任何偏离都会导致生产变化，而由此带来的供给的变化就会将价格牢牢盯死在成本的规模上。第二，所有的收益都可以明白无误地确定的物品，比如像某些蓝筹股股票。收益是明确的，也就不可能导致价格过高估计的问题。第三，在未来的某一个时刻存在终端价格的资产，比如国库券。因为这种终端价格可以有力地约束资产价格，使其变动限制在一个范围之内。

显然，房地产不具备上述三个条件中的任何一个。住宅都是特殊的，彼此差别很大。尤其是土地是稀缺而且非贸易的，因此在所有局部的房地产市场上供给都是十分有限的。房地产能够产生的收益也是多种多样的，而且呈高度不确定的态势。房地产又不存在所谓的"终极价格"，从长远看，土地的价格永远处于不断上升的趋势。

不仅如此，房地产资产还存在其他资产不具备的特别容易被虚拟化的条件。这首先是房地产资产特别"耐用"。普通资本物品最终遭废弃的原因是资本物品物质上和精神上的损耗。由于有自然和使用导致的磨损，机器一般的使用年限是5～10年，交通工具一般的使用年限是10年。与它们相比，建筑物的使用年限就要长得多，厂房通常使用年限可达20年，居民住宅的使用年限还远不止于此。而土地可以永远使用下去，土地使用不需要提取折旧。资本物品的精神磨损是技术进步的结果。技术的不断提高使得的机器设备不适合继续使用，需要被新的机器设备替换。住宅当然也存在这一类问题，但与生产活动相比，住宅更新的迫切性也更小一点。因此，与任何一种资产比较，房地产购置总是更像添置一份永久性的家产。其次，土地区位在住宅特殊性中扮演着特别重要的角色，在一定时期内，适宜开发为房地产的土地是十分有限的，这种现象被称为"不动产效应"。对商业房地产来说，有利的土地位置帮助企业招揽顾客，位于产业集中地带的企业可以降低经营成本。类似的作用对家庭来说也是一样。不动产效应导致房地产供给在短期内完全丧失弹性，供给曲线成为一条垂直于数量轴的直线。就是长期，房地产的供给弹性也比其他资产小得多。

由于成本难以核算，所以准确地测定房地产价格中的虚拟部分通常是难以做到的，但房地产价格虚拟带来的影响还是十分显著的，可以为我们观察所发现。房地产资产的虚拟化通常会使得房地产价格特别容易发生波动。这是因为在房地产定价方式中，价格变动对资产收益有重大影响，而房地产资产潜在的升值能力又极不容易被准确判断。如此则影响人们价格预期的各种因素，比如各种观念、信心、风尚、舆论、偶发事件都有可能对房地产价格产生重要影响。而房价些许变化总是加剧人们价格预期上的落差，回过头来又导致价格以更大幅度的变化。二战以来，随着各国家庭收入的不断提高，越来越多的家庭开始参与投资，这导致房地产这种对家庭来说十分便利的投资活动大幅度地发展起来，与此同时房价波动的幅度也大大提高了，尤其在那些刚刚进入家庭资产积累的国家。历史上经济发达国家股票价格的波动大于房价的波动，房价的波动幅度大约是股价波动幅度的五分之一。但近年来的数字表明，许多国家房价波动幅度已经接近股价波动的50%，甚至超出50%。比如，日本从1961～2002年城市土地价格波动幅度平均为9.7%，而同期日经指数的平均波动幅度也只有18.7%，大大超出消费物价指数（CPI）4.3%的波动水平。而在东京、大阪等一些城市，土地价格平均波动幅度甚至超过14%。

房地产资产虚拟化也导致房地产市场发展与影响这种发展的国民经济参数脱节。在前面的分析中，房地产需求取决于家庭收入、规模、结构等各种因素，这些参数的变化，毫无疑问会改变房地产的需求数量。在有投机因素参与的情况下，这些因素与房地产需求的相关关系显然下降了。美国经济学家Quigley曾经使用1986～1994年美国41个大城市的居民收入、家庭数量、人口、就业状况、房屋建造许可和开工数量、住宅空置率等数据的变化来判断房地产价格的变动趋势。结果他发现，从这些参数变动的研究中虽然也能够发现房地产价格变动的趋势，却无法准确判断房地产价格变动的"拐点"所在。模型解释的错误率竟然高达52.73%。这多少说明美国大城市的房地产发展已经与美国的实际经济拉开了距离。这是房地产市场虚拟化的一个必然的结果。在影响房地产需求的各种因素中间，收入应该是最为根本的因素。如果将近年来我国大城市房地产价格的变化与国民收入的变化串联在一起，也可以发现其相关关系并不是十分紧密。

房地产发展与国民经济发展脱节还表现为房价与租金价格的分离。理论上，房价变化应该完全与租金价格变化保持一致。但由于租金价格出现虚拟化的可能性极小，所以一旦房地产资产出现虚拟问题，房价变动就有可能与租金变动拉开距离。这种情况在许多国家都出现过。

房地产资产虚拟化大大推进了房地产市场的繁荣和发展规模，结果还深刻地影响了资本市场的运作。首先是大量货币被卷入包括房地产在内的虚拟资本的买卖，导致政府货币发行的大幅度增加，使货币供给脱离了国民经济增长的客观需要。其次，房地产资产虚拟化也催生了金融制度创新。由于房地产贷款在银行贷款中通常占有很大的比例，房地产资产虚拟化导致房地产交易频繁，结果推进了银行改革放贷方式。其中尤其值得我们注意的是近年来发达国家出现的房地产抵押贷款的证券化趋势，这种金融形式只是在20世纪80年代刚刚在美国出现，而到90年代之后，美国房地产抵押贷款存量中，证券化比例就已经上升到50%。在其他国家，银行房地产贷款证券化也在开始盛行起来。

房地产虚拟资本的繁荣有时还会带动国际资本的大量流入，而抵押贷款证券化的趋势也进一步方便了外国资本的介入，这种变化使得一个地区的房地产市场发展成为更为普遍的资本市场。

9.4 影响房地产资产虚拟化的因素

房地产资产的虚拟化极大地影响了市场上的房地产需求，所以我们必须研究房地产在什么条件下容易出现虚拟化。

首先，房地产投资者队伍的扩大对房地产资产的虚拟化有着重要影响。虽然极大部分的家庭都对购置房地产有兴趣，但直到20世纪70年代之前，将房地产当作投资对象的人群并不庞大。由于购置一套住宅花费巨大，只有资产特别丰厚的家庭才会关注房地产的长期投资价值，一般家庭只有在经济过热的情况下才会冒险进行房地产投资。因此在很长一段时间里，房地产资产的虚拟问题并不是一个突出的市场问题。但到了70年代之后，随着许多国家国民经济的发展，越来越多的家庭在收入提高的同时激发出理财兴趣，凡是具有一定稀缺性又价值量很大的物品都在发展成为人们趋之若鹜的投资工具，这也使得房地产投资价值日渐凸现。根据美国联邦储蓄银行的调查，2001年美国家庭拥有的房地产占其全部非金融资产的63.1％，而其中非主要居住住宅之外房地产占到16.3％。美联储认为，大约10％以上的美国家庭拥有非主要居住住宅之外的房地产，还有8％左右的家庭对非住宅类的房地产进行投资。这些数字可以说明，购置房地产在美国已经成为家庭的一项重要的理财手段。

其次，房地产存量和市场规模的不断扩充也是房地产资产虚拟化的一个推动因素。房地产既然用于投资，其消费价值就应该有所忽略，甚至束之高阁，这首先就要求城市有一块可以不用于当下消费的房地产的存在，要求这个城市的房地产存量大于实际的住宅服务消费。也就是说，城市需要有一大块不影响市民日常生活之需的住宅放在那里，单纯作为投资工具在人们之间卖来卖去。一个国家的住宅存量随房地产开发商人经年努力而形成巨大的积累，显然在造就这一条件。据说，美国2002年的家庭和非盈利社会组织拥有的房地产存量价值达到14.86万亿美元，接近1945年的房地产存量市场价值的100倍。显然，住宅存量如此迅猛的增长必定导致大量住宅闲置，而这个庞大的闲置量有可能推动美国家庭房地产投资行为蔚然成风，实际情况也就是如此。

我国曾长期处于城市住宅紧张的状态之中，加上也没有合法和公开的市场，所以在很长一段时间里根本不存在房地产投资问题和房地产资产虚拟化问题。但国家实行城市住房制度改革之后，房地产产业发展迅速，迄今已经积累起数字庞大的城市住宅存量。虽然我们没有确切地分析可用来判断现在已有的住宅存量是否足以承载起一个房地产投资市场，但这个条件即将出现或者已经出现是一个无可追究的现实。

房地产存量和房地产交易市场的不断扩大不仅提供了可交易的材料，同时，交易费用，包括信息获得费用、谈判费用和各种手续费也会因交易的一再重复进行而持续地降低，这也有力地刺激房地产投资行为的发展。

有经济学家认为，房地产投资活动与房地产消费需求关系不大，且主要针对已经积累起来的和闲置在那里的住宅，所以投资活动应该发生在存量房交易市场，也就是我们平时所说的二手房交易市场。而人们在新房市场上的购买活动主要是出于消费动机的。如果投资带来虚拟经济问题的话，那么一手房交易可归类在实际经济活动，二手房交易可归类在虚拟经济活动。但我们还没有足够的资料可以证明这一点。从我国的经验看，投资行为在新房交易市场上也可以发生。有的时候甚至是新房交易充斥着投资动因，而二手房交易倒比较多地体现着消费需求。这是因为近年来我国城市住宅质量提高非常之快，新房质量通常远远高于旧房，从而导致前者的流动性也远胜于后者。投资者更需要在购买的时候考虑之后的脱手，所以他们更青睐流动性强的新房；而寒囊羞涩，买不起被炒家们大大抬高了价格的新房的家庭，只能在质量稍逊的二手房市场上寻找解决日常消费问题的出路。

再次，房地产资产虚拟化的形成还与各种各样与交易相关的经济制度关系密切。房地产交易价值量大，交易活动也就特别复杂。就交易本身来说，既涉及所有权，也涉及使用权，所以有买卖、租赁、抵押等多种活动。与此相关的财产权利除了一般物品交易中固有的占有、使用、收益和处置权利之外，还有抵押权、租赁权和留置权等。因此房地产投资者往往需要更加完整有效的法律来保护他们的财产权利。国家与房地产相关的税收也十分复杂，许多国家对房地产投资有税收优惠的政策，这些政策也在很大程度上左右着房地产市场。房地产购置者往往需要向银行融资，这使得一个地区的金融制度和金融政策也获得左右房地产投资的巨大的影响力。经济制度的完善从总体上看是促进市场发展的，按经济学理论的理解应该提高资源配置效率。但资本市场的高度发达又为经济泡沫的发生带来机会，制度对房地产产业的影响也应该如此，它在推进这个产业繁荣的时候经常会发生前进过度的状况，导致资产虚拟化的大发展。

10　房地产市场的均衡

本章要点

（1）一个地区房地产饱有量的变化通常非常缓慢，当地区经济突然增长的时候，住宅供给常常赶不上劳动者增长，因此经济增长常常造成房价的快速上升。

（2）房地产供求均衡很难实现，但这不能说房地产市场不会出现均衡。与固定资产相仿，住宅也会出现磨损，当住宅流量与磨损量相互抵消的时候，房地产存量也会稳定下来。

（3）价格对房地产供求的影响依然存在，从长期看，价格应该可以让房地产价格回归成本。

房地产价格既受需求的影响，又受供给的影响。大多数受供求制约的商品，都能够依靠价格的帮助在或短或长的时间里达到均衡数量。但价格机制在房地产市场能否同样发挥作用却值得怀疑，因为房地产需求变化频繁，不易捉摸，且存量规模又过于庞大，短期内造就一个对均衡有影响力的供给调整量是不可能的。我们看到，房地产供给变化总是远远地落在需求变化的后面，从理论经济学眼光看，这个条件足以导致蛛网效应。房地产市场有没有可能像农产品市场那样发生蛛网效应，也是一个值得研究的话题。仅就发生蛛网效应而言，房地产市场的条件可能不如农产品市场典型。住宅生产周期虽然也很长，但各开发公司的周期并不同步，这使得各家公司随时有相互借鉴销售业绩的可能。尽管如此，这个市场均衡的形成还是要难于其他产品市场。

本章我们先将房地产与地区经济联系在一起，以证明房地产需求比其他需求更容易受国民收入波动的影响。之后，再加入供给因素，研究房地产市场均衡的可能性。

10.1　房地产与国民收入波动

房地产经济在国民经济中占有举足轻重的地位，尤其是房地产资产规模总是令人瞩目。以美国为例，其固定资产存量的一半以上是住宅房地产。每年新增加的住宅虽然在住宅存量中占的比例非常小，但也可以占投资的三分之一左右，因而房地产是足以左右国民需求的最重要的投资活动之一。但房地产又有极强的区域性的特征，一个国家不同地区房地产产业发展状况彼此差别很大，因而研究房地产与国民经济的互动关系首先应该研究房地产与区域经济关系。

在市场经济条件下，一个区域的经济活动与国家经济活动是相仿的，它也有三个基础性的市场构成，一个是产品与服务的市场，一个是劳动力市场，一个是资本市场。其中，后两个市场属于要素市场。一个地区的房地产市场从属于这个地区的资本市场，由于其规模巨大，所以也是这个地区资本市场中最为重要的组成部分。

略有不同的是，第一，区域不存在自己的货币，政府当局不可能通过控制货币数量来影响经济运行，也就是说地区不存在货币政策。第二，与国民经济相比，区域经济带有更大的开放性，一般情况下，商品、服务、资本、劳动在区域之间流动是完全不受限制的，不存在关税壁垒或者非关税壁垒。同时因为使用相同的语言，有着相同的文化，所以还不受文化障碍的影响。

在这样一个经济结构中，我们不难发现，房地产产业在地区经济运行中的地位。撇开其他比较复杂的关系，房地产主要是与地区的劳动力市场密切关联。一个地区劳动力资源特点取决于这个地区人口数量、结构与劳动力拥有的技能状况，而地区劳动力稳定供给的形成无疑需要地区的房地产产业发展的背景，当然也需要气候、公共设施、公共服务等其他条件。另外，在较小的程度上，房地产发展也直接提供了重要的投资需求，这种需求是推动地区经济的动力。可见，房地产产业既影响着区域经济的供给，又影响着区域经济的需求，一个区域经济竞争力背后有房地产产业的作用。

首先，我们可以设想区域经济发展是其他地区对这个地区产品和服务的需求扩张带动的，这种需求的扩张起源于这个地区产品和服务的竞争力的增长。提出这种假设的理由是本地的需求总是有限的，它不足以支撑一个地区在比较短的时间内爆发性地增长。当然，国民收入的缓慢而平稳的增长以及本地区居民收入的增长也促进了对当地产品与服务提出新的需求发展，但在区域研究的话题中，我们更关心的是区域在原来基础上的"超越式"的发展，这是一种打破均衡的发展，这种发展只可能源自本地区产品与服务竞争力脱颖而出式的突然增强。我们暂且不问竞争力的这种突如其来变化的原因是什么，反正我们知道，对本区域的产品市场而言，需求的突然增加会导致本地区产品与服务的价格上升。而在经济学理论中，价格变动与数量变动既存在互补关系，又存在替代关系。当需求曲线突然向外扩张的时候，价格上升和产量扩张都能够帮助生产者过渡到新的需求曲线上去，因而价格的上涨会在一定程度上制约生产的扩张。但我们又知道，如果真的是本区域产品的竞争力增强了，那么价格的些许上扬还不至于削弱产品对区域外消费者的魅力。另一方面，短期内价格的变化必定只是适度的，因为按当代经济学理论，价格通常没有足够的弹性，不大会处处随供求关系的变化起舞。总之结论就是在该区域产量的大幅度增长的情况下，区域经济就获得了超越其余地区的发展势头。

接下来的变化应该是产品和服务的增长带动劳动需求的增长和劳动者必备的住宅的增长。工资和房地产价格的上升同样会冲消这种增长的势头，但同样因为价格变化短期内的局限性，导致大量移民的进入和房地产产业的增长。还有个值得一提的问题是，由于土地的稀缺性的影响，房地产供给在短期内的弹性是非常之小的，在这种情况下，地方需求扩大和劳动力大量流入对房地产的影响首先不是使房地产供给扩大，而应该是使房地产价格抬升。我们看到的实际情况通常也是这样，经济腾飞给房地产带来的影响首先总是价格的飞涨，至少在短期是这样。

另一方面，区域资源条件的变化，包括房地产发展带来的居民居住条件的变化，也可以影响区域经济的改变。鉴于自然资源条件相对稳定，区域资源变化首先应该是指劳动力的变化，就是地区之间移民带来的变化。如果大量移民进入一个地区，就会导致劳动供给的增长，这也会推动地区产出的增长。伴随劳动增长的工资下降也只会在一定程度上推迟或者减缓这种变化。如果起因不是需求的增加，那么导致一个地区移民的进入就只是生活条件的改善。生活条件的变化当然也可以有很多原因，但值得一提的是房地产产业的发展显然也是一个重要原因。这就是说，房地产超越式的发展有时候也可以诱导经济的发展。当然出现这种情况的客观概率可能要小一点。

现在我们可以构造房地产市场的需求函数。

如果让一个家庭在一套住宅中居住，它就可以获得这套住宅提供的服务，但同时也要负担成本，这种成本就是租金。如果租赁房东的住宅，这种成本是显性的，如果居住在自己的房子里，这种成本是隐性的。这种区别不重要，经济学理论认为显性成本与隐性成本应该等量齐观。如此，则我们可以将房地产需求看成租金成本的反函数，假定住宅都是一样的，我们可以获得一个地区住宅需求函数。

$$D_t = H_t(a_0 - a_t R_t) \tag{10-1}$$

在式（10-1）中，D_t 表示 t 期的住宅需求套数，H_t 表示 t 期家庭数量。并不是所有的家庭都可以获得住宅，所以让它乘以表示获得住宅的家庭在家庭占有的比例。a_0 表示不考虑住房成本条件下的比例，也就是说租金成本为 0 条件下的比例，它与时间无关。a_t 表示 t 期住房成本变动对家庭拥有住房的影响，R_t 则表示 t 期的租金。公式 10-1 表示，在租金提供的情况下，住房需求会有一部分漏出。

t 期租金 R_t 则与 t 期房价有关，如果购置住宅的钱都是通过抵押贷款方式从银行借来的，则租金率应该等于抵押贷款利率，而租金数量也就是房价（也就是贷款额度）与贷款利率的乘积。但如果房价在上升，则购房者实际上还获得了一块收益，我们把这块收益从贷款成本中扣除。这样就有

$$R_t = P_t(M_t - I_t) \tag{10-2}$$

式中 P_t 为 t 期房价，M_t 为 t 期的抵押贷款利率，I_t 为 t 期由房价上升带来的收益率。

每一时期的住宅供给应该等于住宅需求，设 S_t 为 t 期住宅供给量，我们有

$$D_t = S_t \tag{10-3}$$

将式（10-1）、式（10-2）代入式（10-3），我们可以这样确定当期住宅价格

$$P_t = (a_0 - S_t/H_t)/a_t(M_t - I_t) \tag{10-4}$$

式（10-4）表明，房价受城市拥有的家庭数量和家庭的住房拥有率的影响，城市移入的家庭越多，则短期内房价越高。同时，房价还会受家庭中拥有住宅的自然比例与抵押贷款率、房价上涨率影响。家庭拥有住宅的比例的上升会使房价上升，而抵押贷款率下降和房价上涨趋势也会使房价上涨。

区域经济增长会推动区域房地产的发展，这种推理实在可说是谁都可以想象得出来的关系，但看上去非常简单的推理可以帮助我们建立起理解房地产与区域经济复杂关系的思路。在这种思路的基础上我们可以推理出一些有趣的现象。

第一，房地产周期与国家商业周期关系。在我们这个简单模型中，区域的产品与服务是面向整个国内市场的，但在大多数情况下，一个地区的日常用品和服务通常只供本地消费，耐用品则销往更多的地方。因此，区域之间的贸易往来主要是大宗的耐用消费品的往来。区域经济的这个特点决定了本地经济波动与国家商业周期的关系。我们知道，日用消费活动通常是十分稳定的，当国民经济波动的时候，日用消费品的需求不怎么波动，就是有所波动，其幅度也要比总体的国民收入波动幅度小得多。投资需求与耐用消费品需求波动的幅度又要比总体的国民收入波动的幅度大得多。如此，则可知国民经济波动会严重影

响区域之间经济交往的规模，从而导致地区经济的波动。这就告诉我们，在一个国家里，其产品与服务比较多地输往其他地区的地方，经济波动受商业周期影响也更大一点。一般来说，城市区域对贸易的依赖程度要大于农村区域，所以城市房地产波动与国民经济波动关系更紧密一点。再推一步，则可知城市房地产产业波动与国民经济波动关系更紧密一点。

日用品、服务、耐用品生产比例问题，也就是产业结构问题。这个道理告诉我们，一个区域的产业结构对房地产产业与国家商业波动是否同步有重要影响，工业化地区比较多地生产耐用消费品，其经济波动与国家商业周期关系更加紧密，其房地产与商业周期的关系也就更加紧密。

第二，房地产与产业聚集关系。深入地研究一些大宗的耐用消费品生产活动，产品生命周期不能不引起我们关注。在区域经济研究领域，有一个理论特别关注产品周期与区域之间产品输出的关系。这个理论认为一个新产品在刚开始为消费者接受的时期是企业生产增长最快的时期，而在这个时期厂商投资市场开发、产品细化的努力也最多。这时候生产同类产品的企业通常会希望彼此接近，交换想法，共享资源和共同开发劳动力市场的浓厚的兴趣，而这种兴趣导致同类企业在一个地区之中。研究这个理论的诺顿、里斯、亨德森等人于是提出了地方化经济的概念，这个概念指在产品开发阶段由企业生产溢出效应带来的产业聚集。毫无疑问，产业集中大大增强了区域输出商品的能力，在我们这个模型中最终也可以带动区域房地产的发展。同理，当产品过了初期的推广期，上述各种效应会相应减弱，这同样会导致区域房地产的回落。

区域的产品需求还来自各个方面，比如政府的大宗采购对区域需求也会产生重要影响，这种需求同样会在一定程度上影响区域的房地产发展。讲到政府作用的时候还应该注意，有的时候政府为了获得税收会刻意资助企业发展，或者直接资助当地房地产发展，政府的这种努力当然也对一个地区的房地产产生着重要的影响。

不仅需求变化会影响一个地区劳动力流动和带动房地产的变化，单纯的就业条件的改善也会引入劳动力。我们看到，一个国家不同地区的经济发展水平通常存在很大的差异，造就这种差异当然有很多因素，比如企业创新能力、自然资源占有和利用水平、气候、市场发育程度等。但考虑到劳动成本在产品成本中的重要地位，劳动就业条件的差异应该在原因分析中占很大一个比重。如果一个地区的各种条件有助于劳动力的流入，那么毫无疑问这些条件显然也就是导致区域经济发展水平高出的重要条件。影响劳动力流入的因素有很多，但其中最重要的条件应该是工资，如果一个地区的工资高于其他地区，那就足以让其他地区的劳动力改换门庭，投奔到自己的地区中来。当然，这里讲的工资应该是实际工资，即去除了物价干扰后的工资。同时，考虑到不同地区劳动技能要求上的区别，我们还要对实际工资做出调整。而在对物价因素的考虑中，房地产价格也占有重要地位，因为住房消费开支在劳动者家庭开支中占有重要的地位。表 10-1 是迪帕斯奎尔与惠顿收集的美国部分城市地区的实际工资与生活费用资料。

表 10-1 中的实际工资指平均的小时工资数。在这些数字中我们可以看到，美国各地的实际工资差别不是很大，而实际工资水平的差异与住宅价格差异基本上保持同步。这就是说实际工资比较高的地方劳动力进入数量可能也比较多，这样造成了房价的提高，同时也导致生活费用指数的提高。

美国部分城市地区实际工资水平与生活费用（美元）　　　　表 10-1

城市	实际工资	考虑不同劳动技能要求后调整过的实际工资	中等水平住宅的平均价格	生活费用指数
阿那海姆	11.22	11.09	237184	132.3
伯明翰	9.27	9.08	79662	98.5
波士顿	11.88	11.31	200000	164.1
布法罗	9.34	9.50	78614	107.2
辛辛那提	10.19	10.00	78745	102.4
克里夫兰	10.36	10.16	83855	109.5
达拉斯	10.62	10.44	85000	103.8
丹佛	10.89	10.35	86335	101.5
沃斯堡	10.33	9.96	80000	103.3
印第安那波利斯	9.62	9.61	78614	99.3
堪萨斯	10.69	10.22	71155	95.1
洛杉矶	10.90	10.83	225000	126.5
迈阿密	19.43	9.75	94874	110.1
密尔沃基	10.11	9.91	92240	102.0
明尼阿波利斯	11.22	11.10	95000	99.8
新奥尔良	9.42	9.45	68309	97.8
费城	10.98	10.72	139000	127.2
匹茨堡	9.84	9.56	71155	102.5
波特兰	10.34	10.19	80643	103.0
旧金山	12.62	11.94	250000	144.5
圣何塞	13.06	11.83	251564	129.9
坦帕	9.07	8.97	85000	100.7
华盛顿特区	11.97	11.22	170000	129.4
平均	10.58	10.31	120945	112.6

资料来源：迪帕斯奎尔、惠顿《城市经济学与房地产市场》。

中国近年来经济发展是与城市地区产品输出的增加和农业劳动力大量流入城市有关的。表 10-2 估算了劳动力流入对国内一些地区经济发展的影响。

劳动力输入省、市相关经济情况（当年价）（2000 年）　　　表 10-2

	项　　目	计算方法	沪	苏	浙	粤	京
(1)	GDP 总值(亿元)		4551.15	8582.73	6036.34	9662.23	2478.8
(2)	其中:第二、第三产业的 GDP(亿元)		4468.38	7551.56	5372.25	8662.17	2388.8
(3)	第二、第三产业劳动力(万人)		739.12	2007.77	1706.32	3108.88	546.92
(4)	减去 10%或 7%后的当地第二、第三产业劳动力(万人)	(3)×0.93 或 (3)×0.9	665.21	1866.67	1586.92	2891.26	491.76
(5)	流入的劳动力(万人)		313.91	254.52	369.52	1505.98	246.04
(6)	流入劳动力按 1:1 赡养系数计算的人口(万人)	(5)×2	627.82	509.04	739.04	3011.96	492.08
(7)	外来劳动者对 GDP 的贡献(亿元)		1432.5	906.09	1014.66	2966.63	796.43
(8)	减去外来劳动力贡献后的当地 GDP (包括第一产业)(亿元)	(1)−(7)	3118.65	7676.64	5021.68	6695.6	1682.37
(9)	当地人口(万人)		1321.63	7327.24	4501.22	7706	1278
(10)	加上外来劳动力及其赡养人口后的总人口(万人)	(9)+(6)	1949.45	7836.28	5240.26	10717.96	1770.08
(11)	减去外来劳动力创造的 GDP 后的人均 GDP(元)	(8)÷(9)	23597	10477	11156	8688	13164
(12)	按外来劳动力及其人均赡养人口计算到当地人口后人均 GDP(元)	(1)÷(10)	23346	10953	11519	9015	14004
(13)	第二、第三产业劳均 GDP(包括外来工)(元)	(2)÷[(4)+(5)]	45636	35601	27459	19699	32377

资料来源：2001 年《中国经济年鉴》与地区上海等地经济年鉴，国家第五次人口普查资料计。

要指出的是，外来劳动力一般不易进入地省市具有较高劳动生产率的企业或就业岗位，从这样的角度考虑，按平均计算出的 GDP 似乎有扩大外来劳动者贡献之嫌。但是，从典型调查资料看，外来劳动力的文化程度一般比同企业的当地职工的文化程度要高，而且他们的工资是计件工资，他们创造的生产率要高于当地普通职工。另外，外来劳动力多是从事劳动生产率较高的第二产业，而这里是把第二、第三产业放在一起计算的。还有，在政府的统计数据中，外来劳动力多是常年打工者，而实际上还存在相当一批短期打工者，他们未包括在统计数据中。即使按常年打工者进行统计，一般来讲统计的数量比实际的数量总是少些。例如，据上海有关方面资料，2001 年，上海外来劳动力有 387.1 万人，而 2000 年的人口普查数据才只有 313.91 万人；又如，江苏常熟县登记的外来打工者是 8 万人，实际超过 10 万人。综合考虑这几个方面的因素，按当地第二、第三产业的劳动力和外来劳动力加总计算劳均创造的 GDP 是适当的，至少不会扩大外来劳动力对 GDP 实际做出的贡献。

由表 10-2 可见，外来农村劳动力对沿海地区的经济做出了巨大贡献。由农村劳动力创造的 GDP 最少的是北京，仅为 796.43 亿元；次之是江苏，为 906.09 亿元。最多的是广东省，达到 2966.63 亿元；次之是上海，1432.5 亿元；浙江（1014.66 亿元）则在 1000 亿元上下。从比重上来看，外来劳动力创造的 GDP 分别相当于上海 GDP 总量的 31.48%、广东的 30.07%、江苏的 10.56%、浙江的 16.81%，也就是说，在这些省、市中社会财富的 1/3～1/6、最少的也在 10% 以上是由外来农村劳动力创造的。

农民进城已经极大地影响了我国城市经济发展，但问题是我国目前大量进城农民好并没有在城市永久居住下来的打算，我们还不知道农村劳动力大量涌入城市对城市房地产的长远影响如何。

10.2 房地产市场长期均衡的可能性

我们已经发现区域产品竞争力提升会最终导致本地房地产的发展，一个地区的需求突然扩大了，由此带来的大量移民的进入对房地产提出了新的需求，这个地区的房地产供给当然还随之增加，但问题是这个地区住宅实际的增加是什么时候完成的？是在一个瞬间完成的，还是需要很长时间？对房地产产业来说，这个问题尤其重要，因为与其他产品不同，住宅的生产周期非常之长，需要我们将时间因素引入房地产供求关系研究。

房地产每一年的新增数量是城市房地产供给流量，而已有的房地产构成房地产存量，两者共同构造了房地产供给。如前所述，房地产市场的一个重要特点就是新建住宅与原有的住宅相比，在数量是总是十分有限。住宅供给的增长首先是流量的增长，在短期内，这种变化对住宅存量的影响很小。流量增长转变为存量可以被察觉到的变化，需要假以时日。按经济学供求价格理论，供求关系的改变首先影响价格，由价格变动来带动其他一系列的变化。问题是在房地产市场上，价格变动的后续效应是渐次显现的，而且过分缓慢。在《城市经济学与房地产市场》一书中，迪帕斯奎尔与惠顿抛开价格的影响而另辟蹊径。

让我们来考虑房地产流量，设 t 期在建的住宅量为 C_t，则房地产每一期流量为

$$S_t - S_{t-1} = C_{t-1} - dS_{t-1} \qquad (10\text{-}5)$$

其中，d 为折旧率，dS_{t-1} 表示因磨损而必须被淘汰、拆除或者废弃的住宅。式（10-5）的左边是两期住宅存量供给之差，表示新增加的住宅量，右边则是上一期已经在建的住宅量减去被废弃的数量。如果 $C_{t-1} > dS_{t-1}$，则住宅数量会扩张；如果 $C_{t-1} < dS_{t-1}$，则住宅数量会变小。如果 $C_{t-1} = dS_{t-1}$，表示在建的住宅等于磨损的住宅，这使住宅数量保持不变。

住宅投建数量受价格的影响，设 ES_t 为 t 期对应某一价格水平的恰当的住宅数量，这个数量我们也可以称之为合意的数量，则有

$$ES_t = -\beta_0 + \beta_1 P_t \tag{10-6}$$

式（10-6）仅仅用来表示合意的住宅数量是价格的函数，其中，β_0 与 β_1 两个参数用来表示价格与合意住宅数量关系程度，在这个关系式里，价格上升，合意的住宅数量应该上升。

而每一期在建的住宅数量 C_t 当然与合意的住宅数量有关，现在我们可以将 C 写成 ES 的函数。

$$C_t = \tau(ES_t - S_t) \tag{10-7}$$

就是说在建数量由这一期间合宜的住宅存量与实际存量之间的差距决定。C_t 不能简单地等于 $ES_t - S_t$，是因为房地产投资活动也存在成本，这种成本使得实际投资正好等于需求。我们设计参数 τ，用来反映开发速度，如果 $\tau = 1$，表示开发完全与需求一致。如果 $\tau < 1$，表示当下的开发数量还难以满足需求，这个差距需要一段时间的开发来弥补。τ 应该在 0 到 1 之间。必须看到，C_t 必定不小于 0，因为负的在建住宅是不可想象的。

现在可将式（10-6）、式（10-7）一起代入式（10-5），则有

$$S_t - S_{t-1} = \tau(-\beta_0 + \beta_1 P_{t-1} - S_{t-1}) - dS_{t-1}，如果 -\beta_0 + \beta_1 P_t > S_{t-1}$$
$$S_t - S_{t-1} = -dS_{t-1}，如果 -\beta_0 + \beta_1 P_t < S_{t-1} \tag{10-8}$$

式（10-8）表示，如果受价格影响的合宜的住宅存量大于上一期实际量的话，那么式（10-8）左边表示的住宅流量就等于受成本制约的在建量与磨损量之差。我们当然不知道在建量与磨损量孰大孰小，但只要前者大于后者，这个差值为正，住宅存量就可以增加。如果合意的住宅存量小于上一期实际住宅存量的话，那么在建数量为零，住宅流量就等于住宅折旧。这就是迪帕斯奎尔与惠顿的流量存量模型。那么，如何从这个模型中寻得均衡呢？

迪帕斯奎尔与惠顿提出了这样一个观点，先假定住宅存量是处于不断扩大的过程之中的，而住宅存量的不断增长使磨损的规模也日益扩大，而合意的住宅量只受价格的影响，不受住宅存量的影响，因此存在住宅存量增长的极限，住宅存量一旦达到极限，存量变化也就会停止。"随着存量的增长，拆除的绝对量也不断增长，直到最终存量不再增长为止。"这意味着房地产市场均衡的出现。

迪帕斯奎尔与惠顿在这里提示我们注意作为资本品的住宅的磨损问题的重要性，就算价格大大偏离了成本，单纯的磨损因素也会阻碍住宅无节制的增长。我们知道，磨损在固定资产理论中是一个非常重要的问题，磨损确实也会在一定程度上制约固定资产规模。但值得一提的是，与固定资产相比，房地产的磨损问题其实并不突出。因为土地永远不会磨损，建筑物虽然有磨损问题，但与机器磨损相比，这种磨损也要小得多。从这一点上看，迪帕斯奎尔与惠顿的分析似乎还没有形成很强的现实说服力，但在逻辑上，他们的这种推

理是可以成立的。

再假定出现式（10-8）的后一种情况，就是偏低的价格导致住宅停建。如果没有新建设的住宅项目，则住宅存量的变动纯粹取决于住宅的磨损，这使得这个地区的住宅存量不断变小，那么，会不会导致另一种均衡状态的出现呢？迪帕斯奎尔与惠顿认为也是可能的。因为"减小后的存量会导致所需的重置建设量减小"。就是说，存量规模小，磨损规模客观上也变小，我们对重置建设的要求也变小，这应该会导致存量变小的速度不断放慢。但所谓均衡是要求变化会达到一个极限，而这一点借助式（10-8）是无从知道的。看来在这个问题上，我们只能有条件地附和迪帕斯奎尔与惠顿的分析。

如果住宅数量实现了稳定，我们就可以令 $S_t = S_{t-1} = S^*$，并解方程（10-8），可得

$$S^* = \tau(ES_t - S^*)/d = \tau(-\beta_0 + \beta_1 P_{t-1} - S^*)/d \tag{10-9}$$

我们还可以根据公式（10-4）与式（10-8）求出长期稳定的价格。

$$P^* = (a_0 - S^*/H_t)/a_t(M_t - I_t) \tag{10-10}$$

10.3　价格在房地产市场均衡中的作用

如果说在价格既定的条件下，房地产因受存量磨损问题的阻碍，自己也会趋向均衡，那么价格对均衡的贡献还存在不存在呢？思考这个问题对经济学理论来说极端重要，因为这个问题本质上是供求价格机制在房地产市场上能否发挥作用的问题。如果我们认定房地产市场的均衡只依据资产本身的磨损，那我们等于又发现了市场失灵的一种新的形式。

事实上，迪帕斯奎尔与惠顿的流量存量模型是给价格的调节作用留下余地的。在这个模型中，不仅价格影响房地产存量的供给，存量的变化也反过来影响价格。这可以从式（10-4），即价格 P_t 等于 $(a_0 - S_t/H_t)/a_t(M_t - I_t)$ 中看出。如果 t 期存量供给 H 变大的话，这一期价格应当变小，反之亦然。这就是说，影响合意住宅存量的价格本身在住宅存量变动的同时也会发生改变，理解这个道理并不困难，因为住宅存量的改变同时也改变着供求关系，而供求关系的变化又改变着价格。事实上，迪帕斯奎尔与惠顿设计的这个价格决定公式中各个参数也都是彼此制约的，价格与决定价格其他参数的关系也是这样。比如参数 a_t，它反映受当期价格影响的家庭放弃住宅拥有的倾向，如果价格上升，这个比例就会上升，而这个比例的上升会使价格下降。

那么，为什么我们关于均衡的分析不能直接建立在价格与存量互动的基础上呢？弹性的大小显然是问题的关键。如果住宅的供给价格弹性足够大，则价格的些许上升都会导致供给量迅速增加，则供求关系的改善会使房价很快地降下来，就是加入时间因素也不会带来很大的改变。但房地产市场一个存量变动特别缓慢的市场，特别长的调节过程导致过高的房价迟迟不得改变，这就给促使均衡的其他因素发挥作用创造了条件。迪帕斯奎尔与惠顿的流量—存量模型告诉我们，即使价格还没有开始进行有效的调节，资产生存的自然过程也会出现自我调节。

需要讨论的第二个问题是，房地产市场在由磨损调节造就的均衡发生之后，价格调节还会不会继续发挥作用。如果房地产市场实现了式（10-9）表达的均衡，但这时候的房价依然是一个过高的房价，那么成本的作用会不会使房价跌下来呢？我们知道，价格也和成本有关，价格高于现行成本，也会改变房产商既有的开发规模。在前面关于房地产供给的

分析中，我们指出房地产成本为建造成本、位置价值与城市边缘的剩余土地的机会成本（主要是农用成本）之和，价格高于这个成本，可以导致住宅存量的增加和城市规模的扩大。但按经济学原理，如果需求以后不再增加，则随着更多的土地用于房地产，住宅消费的边际效用应该下跌，这就使得房地产的价格又慢慢地往下降，一直降到房地产成本，并最终形成长期的均衡。也就是说，除了受需求刺激价格和由这个价格带来一种均衡之外，房地产还应该有另一个长期均衡价格，这个价格由成本决定。很遗憾，我们此刻还缺乏足够的历史材料，证明房地产市场上价格对成本的回归。

必须指出的是，这个流量存量模型未必能够解释实际的房地产变化。由于这一部分我们的分析主要立足在需求研究上，对参与供给的各种条件少有解剖。尤其我们没有考虑土地机会成本的变化，同时土地的可获得性也没有考虑进去。而在实际生活中，土地投入过程的复杂性很可能超过其他因素。

11 房地产市场周期

本章要点

（1）在房地产均衡的流量、存量模型中，城市人口变动是带动房地产价格与存量波动的重要因素，这种波动属于蛛网模型。

（2）当我们将投机因素引入房地产需求之后，价格预期的重要性也就凸现出来了。流量、存量模型还解释了价格预期对房地产的影响。

（3）房地产市场波动还与金融市场的缺陷有关系，这种欠缺不仅有信用不完善，还与"金融加速器"有关。

（4）道德风险等因素会在一定程度上抵消政府规避房地产风险的努力。

迪帕斯奎尔与惠顿的流量存量模型不仅为我们研究房地产市场的均衡提供了一条研究路径，也为我们研究房地产市场波动提供了一个工具。在这个流量存量模型中，需求变化会导致价格与住宅存量以较大的幅度震荡，而影响需求的因素又非常之多。在诸多影响需求的因素中，价格预期特别值得我们注意，因为住宅价值高昂，其价格起伏对购置者的经济利益影响特别大，故而特别能吸引人们的眼球。而价格预期因素的加入又会导致房地产价格震荡幅度进一步放大。

11.1 房地产价格与存量的波动

我们可先随便给出一点参数数值代入式（10-4），即令 t 期价格 P_t 等于（$a_0 - S_t / H_t$）/$a_t(M_t - I_t)$。比如，令 $a_0 = 1$，表示所有的家庭都想获得自己的住宅。t 期住宅存量 S_t 为 90 万，家庭数为 100 万，a_t 为 0.00001，抵押贷款利率 M_t 为 10%，即 0.1，设家庭对价格的预期总是与实际价格相吻合，也就是 I_t 为 0。则可算出 t 期价格 P_t 等于 10 万。

在供给方面，β_0 为 10 万，β_1 为 14.5，则根据式（10-6），即 $ES_t = -\beta_0 + \beta_1 P_t$ 得知 $t + 1$ 期 ES_{t+1} 为 135 万，大于上一期的住宅存量 90 万，再设 τ 为 0.1，折旧率为 d 为 5%，即 0.05，根据式（10-8），即 $S_{t+1} - S_t = \tau(-\beta_0 + \beta_1 P_t - S_t) - dS_t$，可以推出 S_{t+1} 等于 90 万套，这使 t 期与 $t + 1$ 期的住宅存量正好相当。可见在参数数值被如此设定的条件下，这个市场的价格和住宅存量将保持不变。

现在我们可以考虑变动其中的一个参数。在前面的分析中，区域经济发展带来的人口移入会改变房地产市场的均衡。现在设其他条件不变，由于人口的移入，这个城市家庭的数量突然上升了 5%，为 105 万户。将这个数值代入式（10-4），可知道房价会爆升至 14.3 万元。再根据式（10-6）和式（10-8），推出 ES 为 197.35 万套，而实际住宅存量也会增加到 96.24 万套。往后再推一期，房价和住宅存量为 8.35 万元和 86.67 万套，我们看到房价与住宅存量都出现了下降。而再推一步，则结果为 17.5 万元和 98.04 万套，这两个数值又都上升了。由此可见，在迪帕斯奎尔与惠顿的这个流量存量模型中，某一个影响需求的因素发生变化，可能导致房价与存量供给的震荡。而且我们不能排除这种震荡的幅度有越来越大的可能，比如在我们给定的数值中就是这样。当市场震荡出现发散趋势的时候，均衡的价格与数量只是震荡的中轴线，这种均衡只在理论上成立。

还必须指出的是，我们模型中使用的数值 τ 是指住宅的实际建造量与需要建造量的比例。因存量调整成本的影响，我们认为 τ 必定小于1。也就是说，如果合意的住宅存量与实际住宅存量存在缺口，当年建造量只能满足其中一部分。只做当下的考虑，这种想法是符合实际的，因为就算有了需要，住宅供给还要受到土地、政府政策、融资条件等各种因素的制约。问题是 τ 只反映当年的调整比例，进入下一年，这种调整会延续下去，理论上又一块数量可以加入供给。加上根据新的情况形成的新的调整量，所以实际调整量可能大大超出我们这里的计算。调整能力的扩大意味着供给变化速度的加快，这可能进一步加剧市场的震荡。

我们这里介绍的房地产市场的不稳定特性基本上可归类在理论经济学关于蛛网模型的研究范畴。我们知道，导致蛛网效应的一般条件是生产者受生产周期的制约不便于随时调整供给规模，以及生产者无法在生产时期确切地判断他的产品在销售时期的价格。在模型分析中，我们假定生产者依据供给函数和上一期产品的销售价格来决定本期的生产规模。不难发现这些条件在房地产市场也都存在。蛛网模型还告诉我们，如果商品的供给价格弹性大于需求价格弹性，价格与数量的变动还有发散的趋势，就是变动不是离开均衡值越来越近，而是越来越远。房地产市场上的供给价格弹性与需求价格弹性不十分确定，因为影响它们的因素非常不稳定。比如，房地产需求可以说是刚性的，因为人人都需要有地方居住。但有的时候，住宅需求的价格弹性也可以变得很大，因为买不起房子的人也会找到各种各样的变通方法。房地产的供给弹性也可以很大，因为房屋建造技术属于人类最基础的生存能力，造房子的能力几乎所有的地方都具备，同时有的时候生产者也很容易获得土地。但房地产供给弹性有的时候也会变得很小，这多半和土地获得方式有关。因此我们一般无法判断房地产市场出现的蛛网模型是发散的还是收敛的。房地产市场的有些条件使得它有可能避免波动，比如开放商可以将建造好的房子积压下来，等待适当的时机出售，有的时候，也可以将还没有造好的房子预先销售出去。这些做法或许可以在不同的程度上降低房价与住宅供给的震动幅度，但不足以完全阻止蛛网效应的发生。

11.2 价格预期与房地产的波动

经济学关于价格预期有许多理论，最简单的预期模型就是适应性预期。假定人们关于未来价格的看法完全由过去的实际价格决定。用 P^e 表示预期价格，P 表示实际价格，有公式

$$P_t^e = P_{t-1}^e + \alpha(P_{t-1} - P_{t-1}^e) \tag{11-1}$$

表示 t 期人们关于价格的预期等于上一期预期价格及人们根据上一期实际情况作出的调整的数值之和，其中参数 α 表示人们预期适应实际的能力，α 的值在0与1之间。α 等于1也可称之为完全预期，表示人们完全根据实际情况来提出自己的预期，则 t 期的预期价格就等于上一期的实际价格。如果 α 等于0，表示人们完全不具备根据实际情况调整自

已预期的能力，在这种情况下，t 期的预期价格就等于上一期的预期价格。

我们先设想完全预期的情况。迪帕斯奎尔与惠顿的流量存量模型中反映价格预期的参数是 I_t。

$$I_t = \{[1/(n-1)]P_{t-1} - P_{t-n}\}/P_{t-1} \qquad (11\text{-}2)$$

在公式中，n 为人们在做价格预期时可参考的从前出现的价格次数。如果 n 等于 2，表示人们只参考上一期的价格，I 实际上也就是价格波动率。我们现在考虑 I 的作用。如果像本章第一节考虑的那样，参数导致房地产市场均衡的话，不管 n 取多少，I 只能等于 0，市场均衡也总能维持下去。

如果市场处于波动状态，房价总在变化。我们先假定预期是外生的，假定价格只上升了 5%，也就是 I 等于 0.05，代入式（10-4），房价会上升至 18 万元。再根据式（10-6）和式（10-8），推出 ES 为 251 万套，而实际住宅存量也会增加到 110.6 万套。而在前文设计的需求增加 5% 的场景中，房价会升至 14.3 万元，合意的住宅存量会上升到 197.35 万套，实际住宅存量会增加到 96.24 万套。我们发现，价格微小的变动带来的影响，大过真实需求变动带来的影响。如果再将价格内生化，就是让实际价格变动决定预期变动，那我们发现将使我们这个模型中的市场陷入剧烈的震荡之中。

如果预期是理性的，则情况应当略有好转。在这里我们对房地产市场的理性预期理解为人们能够判断出房地产市场客观存在的均衡价格，则理论上这种预期应当能减缓价格的波动，帮助价格回归到均衡价格。但是，理性预期假说是建立在信息不完全理论基础之上的，就是说人们因为只能获得有限信息，所以其预期不可能完全接近均衡价格。而且，使用预期模型，我们也会发现这种回归需要经历很多周期。

11.3　金融加速器与房地产周期

房地产需求与社会的融资条件有密切的关系。一套住宅的价值量很大，大多数家庭在购置的时候会以现金的形式支付价格的 10%～20% 作为首付，剩余部分以抵押贷款方式进行融资。抵押贷款是一种需要贷款者提供担保的贷款，通常，贷款者会以正在购买的住宅作为担保物品来获得银行的贷款。构成抵押贷款有三个要件，就是利率、贷款期限与还贷计划。而银行发放这种贷款，也要受制于银行的信贷配给政策与利率。如此，银行就可以通过改变利率或者放贷政策来影响房地产的社会需求。

美国的住宅融资体系分一级的抵押贷款市场与二级抵押贷款市场。一级抵押贷款市场是银行向借款人提供资金的市场，提供这种资金的银行可以是存款型的普通银行，也可以是非存款型的抵押银行。在二级市场上，房地产贷款转化为证券，投资者买卖这些证券化的债权。之所以需要二级市场是为融资之便利，房地产市场具有很强的地方性，房地产抵押贷款一般也有地方性的特点，即由当地的银行为当地的住宅需求者提供贷款。建立二级市场的好处是可以将一个地方的融资活动推向全国。因为金融市场不受地域的限制，银行将已经形成的债权卖到其他地方去，有助于利用货币过剩地区的资金。在美国，投资这种抵押贷款的主要有养老基金和保险公司等。美国从 20 世纪 30 年代起推进房地产抵押贷款二级市场，迄今已造就了一个全国性的房地产融资市场。

金融的加入导致房地产市场波动的进一步加剧。

当代经济活动有一个奇怪的现象，就是看来很小的一个冲击，有时候会在很大的程度上改变国民经济发展进程。比如 20 世纪 70 年代的石油危机就是这样。石油虽然是重要的资源，连同相关的石油产品，在大多数国家的经济成本中其实只占很小的比例，但石油价格的突然上升居然会将许多国家经济拖入困境。当代经济学家认为，金融市场的不稳定性对这种现象负有很大的责任。当经济运行出现困难的时候，投资活动容易受到挫折，而实际陷在困境之中的企业或家庭在这个时候正好特别需要资金，这就导致冲击的延长，甚至放大。冲击由金融市场放大的现象被一些经济学家（Bernanke, Gertler and Gilchrist, 1994）称为"金融加速器"，它属于因为借款人与贷款人之间由于信息不对称而产生的委托代理问题。在这里，我们试着用融资成本的概念来说明金融加速器效应。在借贷双方彼此信息不充分沟通的条件下，贷款活动显然存在着风险，这种风险折算成费用，这也就是贷款成本。贷款成本与借款人的资产规模成反比，借款人的资产规模越大，贷款人的风险越小，反过来也是这样。因此当企业或者家庭的实际资产值或者名义资产值变小的时候，就意味着给它们贷款的成本上升，成本的这种变化当然会限制融资，从而给正需要补充资金的借款人以很大的困难。总之，融资成本的存在使得金融市场的融资活动不能有效地调节资金的配置，而是发挥着与此相反的作用，就是使经济在开始高涨的时候加速繁荣，而在消退的时候促进衰退。

受融资条件制约的房地产市场也是这样，尤其是用于房地产抵押贷款的抵押品，常常是住宅本身。显然，对银行来说，抵押品价值越大，风险越小。因而银行有可能在房价上升，市场出现过热迹象的时候大幅度地增加贷款发放，而在房价下跌，市场低迷的时候紧缩贷款，从而对市场波动推波助澜。

假设某个家庭购置一套住宅的费用分两部分，一笔是首付货币，我们用 K 来表示，另一笔就是从银行获得的抵押贷款。家庭准备用租金支付银行的抵押贷款，而用于抵押的物品，就是这套住宅。设这套住宅的价格为 P，家庭向银行贷款的数额为 B，我们知道，银行贷出这笔款的必要条件是 $B \leqslant P$。问题是住宅的租金率是会发生变化的，同时房价本身也会随市场关求关系的改变而发生变化。设租金率为 R，银行利率为 i，根据第三章介绍的房地产资本化公式，我们有

$$P = R/i \tag{11-3}$$

再假定租金与银行利率都能保持稳定，而房价经常变动，并用 I_t 表示 t 期价格的变动率，我们就有 t 期价格

$$P_t = R/i(1 + I_t) \tag{11-4}$$

贷款金额 B 应该等于 $P_t - K$。这在一般的情况下应该没有什么问题。但如果当期房地产价格突然下跌了，即 I_t 变成负数，则导致 B 小于 P_t，则贷款活动就会停止。

现在我们假定贷款银行不了解客户的真实信息，也就是说它有贷款风险，并且不可能借助提高贷款利率，也就是加入风险贴水来克服这种风险，所以银行只能要求借款人提高担保品的价值。用 r 表示风险，r 就是起担保作用的住宅价格的函数，住宅价格越高，则风险 r 越小。这种风险与经营费用共同决定了贷款成本，设经营费用不变，则加入风险成本的银行贷款成本就成了担保品价格的负函数。银行的贷款收益是利率，这样，我们就可以获得银行发放抵押贷款的担保品价值条件。

如果价值小于图 11-1 中的价格 P_0，则贷款活动就会停止。这说明，房价越高，银行

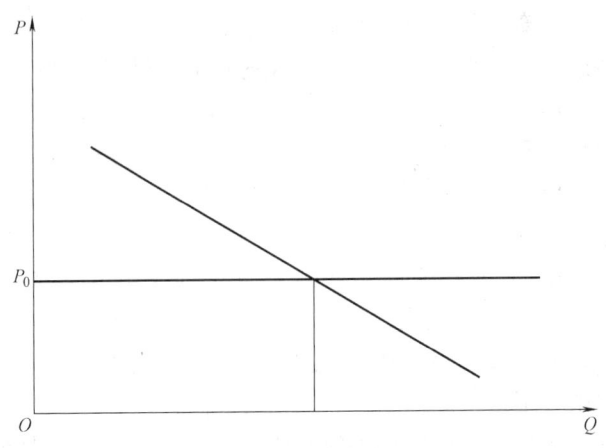

图 11-1　银行发放抵押贷款

的抵押贷款活动就越活跃，而房价下跌会导致抵押贷款活动的收缩。

　　如果房价不断上升，房地产本身还存在需求性质转化的可能性。房地产需求会由一种正常的追求消费价值的需求转化为投资需求，进而再转化为投机需求。当代经济学家金德尔伯格认为，房地产投机活动的发生一般要经历两个阶段，第一个阶段是理性的投资阶段，这时房地产的租金与价格上升是同步的，投资者可以期待以租金来偿还银行贷款。在第二阶段，房价快速上升，超过了受消费制约的租金的上升速度，投资者放弃对租金的追求，转而期待以更高的价格出售房子而获得资本利得。"最初的胃口只是追求高利息，但这很快就会退为第二位。第二步的胃口是通过出售本金获得高收益。"金融的推进作用显然也可以加速房地产需求的这种转化。

11.4　道德风险、过度投资与灾难短视

　　金融市场自身的缺陷造就了金融机构的脆弱，而金融机构的崩溃又会给经济带来巨大的伤害，为了防止金融机构陷入困境，无论是发达国家政府还是发展中国家政府，都会设计出一系列制度，用以规避其经营风险。比如，大部分发达国家都建立了存款保险制度；又比如，一些发展中国家会对银行提供隐蔽的支持或者担保。这些措施可以避免让金融机构陷入支付危机，或者切断危机在各家机构中蔓延。由政府直接介入或者政府牵头组织的这些防范制度虽然有力地阻碍了金融危机的爆发，但另一方面，也促发了金融机构的过度投资，反过来加大了危机的程度。过度的保护诱发了投资者的胆大妄为，这在经济学中，属于道德风险问题。克鲁格曼曾经用金融机构的道德风险来解释亚洲国家为什么更加容易陷入金融危机。在当代金融自由化程度越来越高的背景下，一个国家的金融机构如果发生资金短缺，它就有可能借助各种手段到国际上去融资。克鲁格曼认为，亚洲国家对本国金融机构明显或隐蔽的保护明显高于西方国家，这使得亚洲国家的银行有可能在本国经济高涨的时候进行过度贷款，以致这些国家企业的资产负债远远高于世界的平均水平。而当银行向国际金融界的融资活动突然发生困难的时候，过度贷款又导致利率的大幅度上扬。克鲁格曼认为，亚洲国家的利率波动幅度也明显高于国际水平。这就使得亚洲国家的金融市场更容易发生波动。值得我们注意的是，如果金融机构的融资是指向房地产业的时候，由

于土地数量的有限性，过度投资不太可能造成土地供给的大幅度上扬，因此过度投资的唯一表现就是土地价格的上涨，土地价格的上涨又带来了房产价格的上涨。而此时金融条件出现变化，比如政府不再对银行债务实行担保，则会造成银行资金收缩，这可能带来土地与房价的暴跌。

研究当代金融的经济学家们又认为，如果政府放松对金融的管理，同样也有可能加剧金融机构的脆弱性。

经济风险，也就是经济生活中的不确定性一般可以分为两种类型。一是导致变动的结构基本稳定条件下的变动，另一种是结构变化条件下的变动。前者带来的风险可以用可信度很高的概率来估计，后者则无法使用概率。金融机构通常可以在一个置信区间对发生变动的概率进行估算，并依此作出投资决策。但有些变动是更大程度上的结构震荡带来的，这使银行完全失去了判断依据。这种很难借助概率把握的冲击包括泡沫经济的破灭，国家经济体制的转换，产业结构变化导致的相对价格的改动等。

对那些不经常发生、概率不确定的冲击，银行有可能会受所谓人的"灾难短视"的影响。按照认知心理学的观点，经过专业训练的决策者会有在"预见性直觉"基础上形成的对主观概率予以公式化的倾向。即他会自然地想象出一些可能发生的变化，并采取相应的对策。心理学家认为，这种自然而然状态下估计的概率与真实概率通常十分相近。但如果事过境迁，则这种认识能力也会造成"预见性偏差"。只有随时间的推移，人们才会从这种偏差中慢慢摆脱出来。这种情况导致了人对付意料之外的突然冲击特别不适应。当一个过去不曾发生过的冲击突然出现的时候，银行的决策者就有可能陷入恐慌，并在相当长一段时间里难以自拔，而这个时候，他最有可能的做法就是随大流，因为这是他以后推脱责任的最好的口实。凯恩斯曾经说过，一个"稳当"的银行家不是那个能够准确判断危机并在危机时刻采取合理措施的人，而是那个已经失败的人，但其失败的原因非常平常，并且有如是遭遇者有一大帮。因为对这样的人我们无可指责。当然，心理学指出的这种现象在谁的身上都可能发生，但发生在金融家身上，则引发的震荡更大，因为金融决策对国民经济运行的影响实在太大。

IV

土地制度与税收

12　房地产与土地制度

本章要点

（1）房价波动不仅与多变的需求有关，其实也与成本有关。土地价格不稳定是导致供给价格不稳定的关键因素。

（2）政府参与土地使用方式的选择有三个理由。就是尽可能地消除土地市场缺陷，尽可能地避免土地使用的外部性和提高土地这种稀缺资源的使用效率。当代政府一般通过土地征用制度、土地规划制度、土地登记制度、土地估价制度、土地税收制度、土地储备制度和其他相关制度实现其对土地使用的控制。

（3）在存在家庭收入分化的条件下，提高土地使用价格的成本不一定由厂商和家庭共同承担，而是全部转嫁到家庭头上去，厂商甚至可以利用这个机会谋取更多的利润。

按经济学的观点，需求的复杂多变只能导致商品价格短期的波动，商品的长期价格应该由成本决定。土地使用是住宅最重要的成本，而土地价格由其位置价值和农用收益组成，由于农产品价格相对稳定，理论上土地的价格也是应该比较稳定的。也就是说，房地产的长期价格应该是稳定的。这就与我们实际看到的房地产市场完全不同。事实上，我们是在一个十分复杂的背景下使用土地的，土地绝对租金不仅是变化的，而且变化的幅度经常大得惊人。

12.1　政府管理城市用地

土地的使用方式应该是由土地所有者决定的，土地用于什么用途取决于土地所有者的意志。城市土地的分区利用有的时候是土地所有者追求经济利益最大化的结果。比如，由于用于商业、住宅或者其他用途的租金收入不同，城市土地会形成自然分区。这个道理如图 12-1 所示。设住宅与商业用途的租金函数不同，并且商业用途租金函数高于住宅租金函数，则越是距离城市中心地带近的土地越容易为商业利用，农田利用及收益与土地位置无关，并且一般来说租金也比较低下，因此农田就被赶出城市边缘。

但依靠市场进行自然调节的分区利用模式的形成需要很长时间，在这个过程中也有可能造成巨大的浪费，因此，当代政府已经在很大程度上介

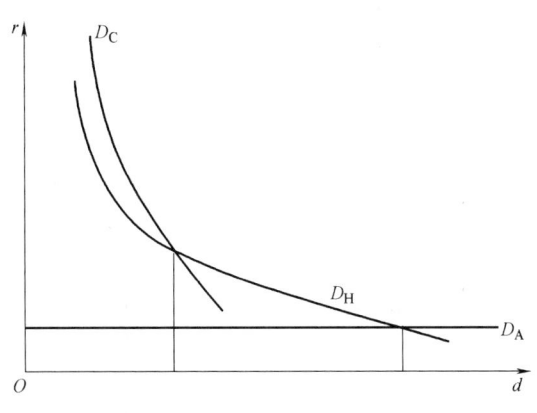

图 12-1　城市土地的自然分区

入了土地利用的选择。而在政府介入的条件下，城市土地的使用实际上已经转化为一项政府决策，我们完全可以从公共经济理论出发研究土地在房地产业中的作用。

政府参与土地使用方式的选择有三个理由。就是尽可能地消除土地市场缺陷，尽可能地避免土地使用的外部性和提高土地这种稀缺资源的使用效率。其中，第三项尤为根本。理论上，市场会报复错误使用资源的行为，但土地如果没有得到合理的使用，市场报复并不会很快表现出来。比如，城市过度扩张会导致农业播种面积收缩，最终造成农产品短缺。假以时日，这个结果必定会引起全体国民的重视，但在短期内，人们不会意识到，也根本不会注意将来有这样一个结果。而一旦农业危机形成，想推倒重来，重新安排土地使用方案又是不可能的。当代经济学家因此认为放任一个城市"自然发展"是不合适的，就算国家不能解除土地的私有财产权利，也应该采取某种形式的"社会控制"，使公共选择尽可能地体现到土地使用方案中去，使土地获得尽可能合理的利用。

专栏 12.1　经济学关于土地使用的社会权利的研究

土地是人类最为重要的生存资源，土地作为一项财产，其权利应该归谁？这个问题在经济学研究历史上有过许多重要的讨论。美国著名经济学家和社会活动家亨利·乔治在《进步与贫困》一书中认为，土地私有是不公正的。他认为个人获得财产的正当依据是使用自己的劳动，因此凡是人力生产的任何物品，人都有充足的和无可争辩的独占有和享用的权利。但土地不是生产出来的，同时土地又是人类生存必须依赖的资源，如果我们允许土地私有，等于允许一些人剥夺其他人生存的权利。卢梭在《论人类不平等的起源和基础》中也提出，如果让土地属于大家而不是个人，可以使人类避免犯罪、战争、谋杀、不幸和恐怖。马克思、恩格斯在《共产党宣言》中列举了"最先进的国家"可以采取的 10 条措施，其中第一条就是"剥夺地产，将地租用于国家支出"。

当代经济学家认为，在一个以提高资源使用效率为目标的社会里，允许土地私有是合理的，因为与私人所有权相比，公共利益对提高土地利用效率提供的激励要小得多，但国家对土地的私人权利的保护不应该是绝对的，当效率不是主要考虑因素的时候，与私人权利对立的其他权利形式就是恰当的。比如，生态学家们通常反对将公共土地卖给私人，因为他们关心的是限制土地的开发，而不是促进生产。

当代政府一般通过土地征用制度、土地规划制度、土地登记制度、土地估价制度、土地税收制度、土地储备制度和其他相关制度实现其对土地使用的控制。

土地征用是政府借助强制性购买建立"公共保留地"，为建造公共建筑、公共设施留下土地，或者从房地产开发商手里留一块对市民生活非常必要的自然空间。国家征用土地必须严格按国家法律执行，比如，英国政府征地必须依据英国的《强制征购土地法》；澳大利亚政府征地分联邦政府征地与州政府征地，它们分别依据不同的法律，其中，限定联邦政府的是《1989 年土地获得法》。韩国也有《土地征用法》和《有关公共用地获得及损失补偿的特例法》，依法征地保证了政府对土地的需要，也保证了被征用者能够获得公正的损失补偿。政府征地一般只用于公共的目的。比如，澳大利亚的《1989 年土地获得法》就明确规定，政府只有为了"公共"的目的才可以征地。房地产开发商出于对房地产利润的追求，有时会不惜损害一个地区的名胜古迹、自然保护区等，政府将这些地区买下来，是长期保护这些地区的最好的办法。

政府也可以借助城市规划限定某些土地的使用范围，用以阻止价格信号的诱导，保护土地使用的合理布局。土地规划通常分层次提出，比如，美国的土地规划分州与地方两级；英国的土地规划则有中央规划、大区规划、郡规划和市规划四级；中央一级的土地规划主要用于明确土地的长远使用方案，而地方一级的土地规划用来明确不同地块的主要用途和使用强度，也为未来的发展留下土地。土地规划可以节制城市建筑业发展的速度，以避免城市的过快增长而使土地在其他用途中过度流失。

土地登记制度用于明确与土地相关的一系列法律关系，这是规范土地交易活动的基础，土地储备制度通过政府的土地收购、储备和出让活动，用以调节土地供给，消除市场上土地价格过于频繁的波动。

各个国家涉及土地使用的法律往往是十分周全和复杂的。比如，日本与土地相关的法律就有《土地基本法》、《地上权法》、《土地征用法》、《农地法》、《土地租用法》、《农地利用增进法》、《国土综合开发法》、《城市绿地保护法》等几十部，还要加上各种各样的条例、规定、细则、命令等。众多的法律制度保障着政府合理、恰当地介入国家的土地使用。

值得注意的是，政府介入土地使用也会带来一些新的弊端。比如，管理政府保留地的机构有可能利用土地为自己创造收益，这种收益还不受竞争的制约。限定土地的不同用途也可能导致一些特定地块的土地涨价，使其所有者获得不同寻常的收益，导致土地所有者对主管部门行贿。

专栏 12.2　城市土地的分区利用

政府的土地的分区规划是对城市中的每一块土地的使用都作出一套可被政府认同的规定，分区的目的理论上应该是提高城市居民的福利水平。但历史上有些分区法规被富人用来驱除穷人，比如 19 世纪 80 年代旧金山就制定过法律将中国人的居住区赶出城外。当代分区有各种各样的做法，比如将有污染的工厂限制在郊区，或者划分一个专门区域让此类企业选择。这种分区也称为公害分区。有时候，商业和单纯的居住也会造成公害，比如商业带来的噪声和道路拥挤，住宅密集造成的停车困难等。由于地方政府通常利用财产税收入提供公共服务设施，又有可能造成财政分区，这种分区的特点是将低收入家庭排斥在一些区域之外。如果政府聘用城市设计者刻意规划城市布局，也可以造成设计分区。

一个规划合理城市的分区大约有以下特点：一是工业疏散，通常坐落在郊区的交通干线边上。二是商业中心和零售商业位于交通便利的地区。三是普通住宅沿交通干线形成条状区域。四是低收入者居住区密度可以高于富人居住区，但保障低收入者也有比较宽敞的居住环境。

12.2　我国城市土地管理

我国的土地制度十分复杂，法律规定城市土地属于国家。《中华人民共和国宪法》第10 条第一款规定，"城市的土地属于国家所有"。《土地管理法》对此做了进一步解释，"城市市区的土地属于国家所有"。

专栏 12.3　我国城市土地的国有化

我国政府对城市土地的拥有权，是新中国建立后借助没收官僚资产和和平改造民族资产的过程中逐渐实现的。

比如，上海 1949 年制定的《上海房地产管理暂行条例》规定：凡无人经管的，原来属于逃亡的国民党政府公务人员在上海的房地产，凡国民党政府代管的汉奸在上海的房地产，凡因业主不在上海经管而被人占用的外侨的房地产，一概由财经接管委员会房地产管理处暂行代管。国民党政府各机构在上海的房地产、蒋、宋、孔、陈四大家族以及其他被宣布没收财产的战争罪犯、反革命分子的房地产，国民党政府接管的日、德、伪政府在上海的房地产，由相关部门按系统接收，各接管系统之外的房地产，由政府房地产管理处接收。这个规定就这样将上海国民党官僚资本的绝大部分房产连同土地收归国有。自 1956 年起，国家通过公私合营的方式对民族资本主义工商业进行社会主义改造，买下了这些企业的机器、设备，也连同接收了企业的厂房、仓库、商店、办公室、宿舍及其占用的土地，并在赎买期间按 5％的标准支付定期利息。赎买期满后，这些资产连同土地就转化为国家的财产。此外，国家也经常通过征地的方式将集体所有的城市周边地区的农地收为国家所有，用于城市的开发。

国家用这三种方法接收了城市大部分土地，但还是有一些土地掌握在集体和个人手里。为了管理上的便利，1982 年五届人大修订的《中华人民共和国宪法》规定城市土地为国家所有，这样就明文界定了城市所有土地的法律上的归属。

在理论上，我国城市土地的国有化是非常彻底的。我国的国家土地所有权在行使上有这样几个特点：一是不受民法占有时效的限制，国有的土地如果为他人占有，则不管占有时间有多长，国家都有权随时追回。二是所有者充分拥有土地的各项权能，包括占有、使用、收益和处分，国家可以自己行使这些权能，也可以转让他人行使这些权能。三是国家的土地所有权不存在灭失，也就是说在任何情况下，国家的土地所有权都不能被剥夺。四是国家的土地所有权与农村集体土地所有权地位并不对等，国家可以将集体的土地转为国有，集体却不能将国家的土地转为集体所有。

但随着市场经济在城市的形成，土地为私人利用的必要性也不断突出，这就导致土地使用权地位的彰显。使用权既可以是一种物权，也可以是一种债权。城市土地使用权目前在我国主要是一项物权。在我国，土地使用权是土地利用和交易的基础。

城市的社会组织或者个人获得土地使用权的原始手段有两个，一是国家划拨，二是出让。所谓国家划拨，按《中华人民共和国城市房地产管理法》的说法，就是指有划拨权力的政府组织依法批准，在用地者交纳用于原使用者的补偿、安置费用之后，将土地使用权无偿交给用地者。获得划拨土地的使用者的土地使用权限是受限制的，一般来说，土地用于什么用途、土地转让等方案都必须获得土地划拨者的批准。土地出让是指在一定的年限内，国家将土地的使用权出让给使用者，土地使用者必须向国家支付使用权的出让金。土地出让可以采取协议、招标、挂牌、拍卖的方式，而后三种方式是目前采用的主要方式。国务院 1990 年的《中华人民共和国土地使用权出让和转让暂行条例》规定，土地出让最高年限是：居住用地 70 年，工业用地 50 年，教育、科技、文化、体育用地 50 年，商业、旅游、娱乐用地 40 年，综合或其他用地 50 年。

专栏 12.4　我国土地出让的招拍挂

　　2001 年，上海市政府先后出台《上海市土地使用权出让办法》和《上海市土地使用权出让招标拍卖试行办法》，明确六类经营性土地使用权的出让，都应通过招标拍卖方式进行。

　　与此对应的还有一种做法是协议招标，就是房地产企业和政府事先商定价格，基本算是内定。协议招标是上海市国有房产企业拿地的主要方法，价格要比竞拍低很多。

　　有数据表明，上海市 2003 年公开招标的 1200 多公顷土地，每亩的平均价格达到 105.4 万元，比 2002 年上涨了 124.3%，溢价部分成为政府的重要收入来源。

　　此外，工业用地"变性"为商业用地，也给上海市财政带来了进账。一般来说工业用地"变性"为商业用地来自各个区政府的招商承诺。政府在招商引资的过程中，对企业要求的工业用地以低廉价格出让，而企业通常以出租厂房回收成本。而在工业用地转换为商业用地的过程中，企业通常要按照商业用地价格增补地价，即使如此，仍然比公开拍卖价格低得多，中间的差价常常是几倍。地方财政也从中获得了很大的收入。

　　借助对土地所有权的拥有和对土地使用权的限制，我国政府对城市土地使用实行了严格的控制。

　　首先是对土地用途的严格控制。我国《土地管理法》规定："国家实行土地用途管理制度。国家编制土地利用总体规划，规定土地用途，将土地分为农用地、建设用地和未利用地。严格限制农用地转为建设用地，控制建设用地总量，对耕地实行特殊保护。"《城市房地产管理法》也规定，"土地使用者需要改变土地使用权出让合同约定的土地用途的，必须取得出让方和市、县人民政府城市规划行政主管部门的同意，签订土地使用权出让合同变更协议或者重新签订土地使用权出让合同，相应调整土地出让金。"此外，国家还有《水法》、《森林法》、《草原法》、《环境保护法》、《水土保持法》、《矿产资源法》等，分别对特定部门的土地利用作出了规定。

　　其次，国家对城市土地交易也进行了管制。我国土地交易活动主要包括土地使用权的转让、出租、抵押等内容。土地使用权转让又包括出售、交换与赠予。《中华人民共和国城镇国有土地使用权出让和转让暂行条例》规定，土地在发生转让时，原使用权受让人与国家在土地出让时形成的权利义务关系全部转移给新的受让人，新受让人的土地使用年限也是扣除了原受让人已经使用的时间后的剩余时间，土地使用权转让时，依附在土地上的建筑物和其他附着物也随之转让；同理，当依附于土地的建筑物和其他附着物发生转让时，土地也随之转让。同样，我国也规定在发生与土地相关的出租或者抵押行为时，土地与依附于土地的建筑物和其他附着物是捆绑进行的。这些规定保证了土地转让不导致破坏国家的土地使用规划。

　　再次，国家还对土地价格实行管制。由于我国的农地与城市土地分别为农村集体经济组织和国家所有，所以土地价格就既有所有权价格，又有使用权价格。国家征用农地使用的是所有权价格，国家出让或者企业之间转让城市用地，使用的就是土地的使用权价格。土地交易内涵复杂，造就了土地价格名目繁多，比如，通常有评估价格与交易价格之分，又有基准地价、标定地价、出让地价、申报地价、公示地价、补足地价等。根据《城市房地产管理法》，国家对土地价格的管制主要使用这样一些措施：一是公布基准地价与标定地价，目的是规范和指导土地交易价格的形成。二是土地价格申报制度，用以动态地掌握国家土地资产的价值。三是对出让的城市土地实行最低限价，用以防止国有资产流失。四是规定政府有优先的土地购买权，目的是当土地价格偏低的时候让政府买进，防止开发商压低土地价格。五是收集整理地价信息，编制全国地价指数，在价格出现暴涨暴跌之前提出警示。六是借助征收土地增值税、闲置税和直接干预土地闲置、建立国家土地储备等手段，抑制城市土地投机活动。七是对直接干预土地价格上涨，《城镇国有土地使用权出让和转让暂行条例》第26条规定："土地使用权转让的市场价格不合理上涨时，市、县人民政府可以采取必要的措施。"

从国家规定的这些法律、法规来看，我国政府对土地管制方法是相当齐全的，法律规定的管制权力也是相当大的。

但这些管制法律和制度迄今还没有导致我国城市土地市场的合理运作。比如产权变动过程中登记制度执行不严格或者不完备，为不法商人利用，致使将土地出售以后再抵押给银行，或者"一房二卖"。又如估价不当，造成投资市场混乱。土地税收制度混乱，税、租、费界限不清，出现以税代租、以费代税或者以费挤税等问题。又如各级政府在土地规划中分工不清，土地使用主体不清，造成混乱。又如土地征用补偿标准过低，严重损害农民利益。近年来各地纷纷建立的土地储备制度，这种制度本意应该是用来调节土地市场供求关系，保证土地价格的稳定，但实际结果往往是导致土地价格飞涨。

从总体看，我国制定的各种土地管理制度是以扩大政府权力为内涵的，缺陷是将政府制定和执行政策的动机理解为追求社会福利最大化。按公共选择理论这种理解明显失之偏颇。有时候，政府活动也受自己的经济利益的牵制，政府的过度介入不仅不能帮助市场，相反还促发了市场垄断。我们无意在这里评价我国控制着土地实际配置权的各级地方政府的政策水平，一个不容忽视的问题是近年来我国各级地方政府在房地产产业中获得的收入在财政收入中所占据的比重也越来越大。许多地方政府土地批租的收入和从管理房产开发中获得的收入，甚至成为财政的主要来源，在这种情况下，政府单纯为了增加财政收入的目的而尽力提高土地价格的行为显然难以避免。我们也没有必要去探究政府的土地收入有没有用来发展地方经济和社会福利事业，问题是如果政府一味地为了提高收入而去经营土地业务，对房地产市场来说就是一场灾难。在土地公有和国家实际掌握了土地配置权力的条件下，土地使用权实际成为一项公共物品。土地的这种情况与货币十分相似。在国家垄断货币发行权力之后，货币就不再是一项商品，而由商品转化为纯粹的交换手段。而国家为社会提供这种手段的做法就是一项纯粹的公共服务。货币是有价值的，国家提供货币行为本身就使国家获得一笔收入，这种收入经济学也理解为税收，我们称之为发行税或者通货膨胀税。如果国家追求税收收入最大化，国家就应该尽可能地增加货币发行，但这就造成通货膨胀，给社会带来破坏。因此国家发行货币不能以增加国家收入为目的，而应以维持市场正常运行为目的。尽管历史上国家经常为了增加收入而推动通货膨胀。在土地国有的条件下，国家提供土地的过程与此几乎完全相同。国家提供土地使用权，可以获得土地租金，这笔收入当然可以弥补财政的不足，如果国家的目的就是增加财政收入，国家应该千方百计地提高土地批租价格，这在客观上就推动了房价的上涨，如上分析，这也可以给房地产业带来一场灾难，甚至给国民经济带来一场灾难。因此，合理的土地供给政策应该是帮助房地产市场的稳定。

12.3 土地价格与厂商的垄断收益

我国的房产行业是一个垄断程度相当高的行业，其证据就是房价通常远远高出生产成本，以及开发房产通常可以获得极为丰厚的利润。本来就不稳定的市场需求和高度垄断的供给力量搏杀，自然容易导致行业发展的起伏不定。国土资源部今年5月公布的一项统计资料表明，我国房地产开发商一般利润在15％以上，其中经营中高档房产的利润则在30％～40％之间。有的分析则认为，房产开发，不管是开发商铺，还是开发住宅、公寓、别墅，利润率最低也在25％以上。有关部门调查表明，私人房地产业的税后净利润在各行各业中为第一位，比平均水平高5倍，比处于第二的电力燃气行业的利润高出1倍。经营房地产的厂商当然有时也会出现亏损，但这并不否定人们关于房地产产业是一个拥有较高的垄断收益的产业的基本结论。而且与其他垄断产业不同的是，至今我们还看不出厂商的利润水平有总体下降的趋势。

我国的房产开发业聚集了数以万计的开发商，其行业集中度实在不算高，为什么这样一个存在激烈竞争的行业也可以带来如此之高的利润？答案恐怕不学经济学也可以看出来，就是土地的垄断供给。研究房产利润的经济学家常常拿厂商挤占国家收入来说事，他们归结了三个给开发商带来高收入的理由，一是房产开发商可能事先囤积了低价租进的土地，又利用国家提高土地批租价格的机会抬高房价；二是与此相类似，开发商在取得土地使用权时压低了价格；三是房产开发商人的偷逃税款。这就是说开发商的高额利润本应属于国家。在这里人们注意的是国家收入与开发商收入之间的替代关系，没有注意到这两种收入之间的互补关系，其实我们没有必要讳言政府在提供房产用地时谋取垄断收益的问题，事实上许多城市的政府与房产开发商合作赚了消费者的钱。

在一般情况下，国家当控制厂商的收益，比如政府开征的产品税或者所得税有所增加的话，这种负担是由厂商和消费者共同承受的。但如果市场是垄断的，再如果产品的需求函数为二次函数的时候，则国家税收的增加部分可能全部转嫁到消费者头上去，并且厂商还可以利用国家增加税收的机会将自己的利润水平也提上去。可以用图12-2来说明这种经济效应。

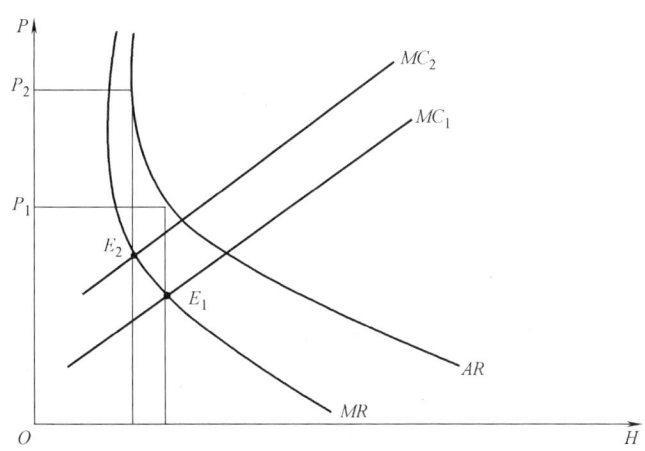

图 12-2　政府增加课税导致厂商利润提高

政府税收收入增加使得厂商的边际成本曲线向上移动了，边际成本与边际收益的交点由 E_1 移至 E_2，厂商减少了产量，对应的产品价格也因此上升，如图 12-2 所示，在需求曲线为二次函数的时候，产品价格上升的幅度要大于成本上升的幅度，这表明厂商的利润水平也上升了。产生这样的效应的原因在于，税收成本的上升使得产量变小，由于此时房产需求弹性非常之小，产量的减少就推动了价格以更大的幅度上扬。

房地产业的社会需求曲线大体上可认作是二次的。因为尽管大多数城市居民在购置房产时会特别关注房价的变动，但真正有钱的人却不会计较房价的高低，再贵的房产他们也买得起。所以高收入阶层的房屋的需求价格弹性要小于中、低收入阶层的需求价格弹性，这使房产需求随价格上升而趋于稳定。我们还需要考虑房地产需求的投机性质，一些购买者"买涨不买跌"，这也使得房价在上升的时候，购房需求不断得到补充。

由此我们可得出这样的结论，就是在房地产这个特殊领域，政府与开发商的经济利益可以是一致的。因为当房产的需求价格弹性变得越来越小的时候，政府将土地价格抬高会增加收入，而房产商同样也可以将利润打得更高而不至于担心减少销售，房地产业于是有可能成为一个允许政府与房产开发商联合侵犯消费者利益的行业。

随着房产逐渐成为社会的消费热点，房地产业逐渐发展成为国民经济中的一个支柱产业，政府土地批租价格也开始以惊人速度上升，不少城市的土地批租价由每亩地数万元上升至数百万元甚至数千万元，成为令市民闻之惊心的天文数字。一些经济学家对此的解释是城市土地的稀缺。但这是多少有些虚伪的解释，因为与大多数亚洲国家比，供我国城市发展的土地资源还是相对充足的。再说城市土地纵然紧缺，也不致使一亩地土地的价格在当前经济水平下达到动辄以百万、千万计的水平。土地使用价格由收益来确定，毫无疑问，目前的房价已经使房产开发成为土地使用回报最高的领域，很难想象土地用在任何其他地方，可以在短短几十年的租用年限里让一亩地产生几百万元乃至几千万元的收入。再说土地真是紧缺如此，又怎么解释一些城市在开辟经济开发区和大学城的时候可以大规模用地。可见，决定一些城市地价飙升的主要原因是当地政府对土地垄断收入的追求。许多地方正在酝酿建立土地储备制度，将可供用来开发的土地集中到国家手里，由国家集中调度，同时也保证从土地升值中获得的收入转到国家的手里。我们无意在这里讨论建立这种制度的合理与否，但值得注意的是，经验表明，一旦建立了土地储备制度，土地价格反而上升更快。这种现象说明，由地方政府提高垄断收入的可能性要比尚且有一点竞争压力的企业或者个人提高垄断收入的可能性要大得多。政府的垄断收入，也是对消费者剩余的一种侵占，我们显然没有理由认为只要钱进入国库，再多也是合理的。

公共选择理论告诉我们研究政府收入问题的合理与否，第一要看政府如何使用这种收入，第二要看政府获得这种收入的方法是否有利于促进经济效率与社会公平，第三要看能不能排除个人在其中谋求利益。一个值得关注的现象是近年来批租土地和管理房产开发的收入在一些地方政府收入中的比重急剧地上升，房地产收入甚至成为一些地区财政收入的主要来源。让这种收入增加如此之迅捷，作为地方政府筹措资金以解决短期财政困境的一个方法，自然也无可厚非，但作为开辟一项长期的稳定收入来源，则不尽合理。单纯经营土地就可以带来高额收入，必定使政府不再关注需要下力气才可以发展起来的建设项目。

专栏 12.5　经济转型与垄断问题

　　垄断问题本来就应该是经济转型国家在建设市场制度时特别值得注意的问题。广义地说，国家能否有效地节制垄断资本是能否完成经济运行体制向市场转化的关键。为什么由国际货币基金组织设计和指导的俄罗斯的市场化改革会失败？著名的凯恩斯主义经济学家斯蒂格利茨认为是"竞争的稀缺"，放弃了国家所有制的企业的资产转移到少数人手里，但没有同时改变其在生产中的垄断地位，结果真正的市场没有出现。市场经济的效率来自竞争，没有竞争的市场当然也没有效率。"俄罗斯的那种伪资本主义（ersatz capitalism）并没有为财富的创造和经济增长提供激励，反而为剥夺财产创造了激励"。当一些在过去计划经济时期的高官及其亲友们能在急遽的私有化过程中那么容易地通过盗窃国家资产而变为财富大亨时，他们怎么还要花力气去创造财富呢？由此，斯蒂格利茨得出一个惊世骇俗的理论洞见："如果一个政府是腐败的，私有化似乎并不能解决问题"。

13 地方政府、税收与房地产

(1) 房地产税收是地方政府收入的重要来源。

(2) 政府可以通过其提供的公共服务来影响家庭对社区的选择，从而左右城市分区规划，和社区规划。

(3) 我国自20世纪80年代起实行城市土地有偿使用，地方政府利用土地出让获得了大量城市改造资金，推动了城市建设，但也带来一系列问题。城市土地出让方式正处于不断完善的过程之中。

在大多数国家，土地规划与房地产税收都是地方政府事宜。政府在提供道路、桥梁和其他公共设施、公共服务以满足公共需求的同时，决定了城市地块不同的用途；并制定各种各样规章限制建筑物样式和建筑规格。这使得地方政府获得左右一个地区的房地产市场运作的机会。另一方面，地方政府也有参与房地产开发活动的积极性，因为房地产税收和与房地产相关的其他收入也往往是地方财政最重要的收入来源之一。迪帕斯奎尔和惠顿在《城市经济学与房地产市场》一书中指出，"地方政府对物业租金和房地产价格的影响之强，使其对许多其他因素占有绝对的主导地位。"

地方政府不仅可以通过建造公共设施来影响土地的位置价值，有时候也可以借助对土地的控制影响土地的绝对价值。前者有如我们在西方国家经常看到的那样，后者则如在我国经常可以看到的那样。

13.1　地方财政与房地产

在现行各国的财政体制中，地方财政与房地产关系特别密切。地方政府的财政开支有一大块用于各种公共设施建设，而这些公共设施的位置对房地产开发往往有重要的影响。地方政府的财政收入对房地产也有很大的依赖性，因为房地产税收及与房地产相关的收入常常是地方政府最重要的税源。

美国各级政府 1990～1991 财政年度的政府开支（亿美元）　　　　表 13-1

公共开支	联邦政府		州政府		地方政府		所有政府部门合计	
	直接	转移	直接	转移	直接	转移	直接	转移
国防与外交事务	3661						3661	
医疗、福利和社会保险	5230	1015	2080	328	943	31	8253	1374
教育	201	245	805	1162	2288	4	3295	1411
基础设施和自然资源保护	548	184	528	120	511	8	1587	311
司法与消防	82	7	226	22	513	1	820	29
污染物处理和能源			80	7	998	1	1078	9
其他	3470	150	709	226	921	9	5096	385
合计	13193	1601	4423	1865	6175	54	23792	3520

资料来源：转引自迪帕斯奎尔和惠顿．《城市经济学与房地产市场》。

表 13-1 中的转移开支指政府之间的收入转移，这种转移开支一般是上级政府划拨款给下级政府，也有一部分在同级政府之间发生。表中各级政府的开支是不包括转移财政的流入的，因此一级政府的实际开支应该大于表中的列举的开支。其他项目指无法囊括在上述项目中的其他开支，比如空间技术研发、邮政服务、公共图书馆、政府部门费用和债务利息等。值得一提的是在医疗、福利和社会保险项目中应该包括住房和社区开发。

我们在表 13-1 中可以看到，美国政府 1990～1991 财政年度全年财政开支，包括各级政府的直接开支和转移支出，共为 27312 亿美元，其中地方政府开支为 6229 亿美元，约占整个政府开支的 22.8%。值得注意的是：美国地方政府开支与联邦政府的财政开支在结构上有很大的差别。在地方政府开支中，教育所占比重最大，约为 36.8%，而在联邦政府这个比例仅为 3%，在州政府，这个比例为 31.2%。而且联邦政府的教育开支中将近一半还是转移到下级政府中去的。福利开支较多地集中在联邦和州政府。基础设施投建是三级政府等分天下，司法、消防等服务集中在州与地方政府，而污染治理基本集中在地方政府。从表 13-1 中我们虽然不能直接得知地方政府对房地产市场的影响，但却可以看出对房地产有重要影响的公共服务项目，比如道路、桥梁等公共设施建设，污染处理，学校布点、消防服务等，多与地方政府有关。我们可以从中推知地方政府支出对房地产市场的影响力。

美国政府 1990～1991 财政年度的政府收入（亿美元）　　　　　　　表 13-2

收入来源	联邦政府	州政府	地方政府	各级政府总收入
个人所得税	8562	2010	262	10834
企业所得税	980	204	19	1203
消费税	585	1600	863	3048
房地产税	0	62	1617	1680
使用费	1671	976	1251	3899
其他税收	176	311	90	578
政府之间的转移财政收入	32	1435	2108	3486
合计	12007	6599	6122	21242

表 13-2 中的使用费指政府在提供某些服务时的费用收入，也包括政府的一些其他收入。

美国是一个实行"分税制"的国家，个人所得税和企业所得税主要归联邦政府所有，消费税主要归州政府，政府收费大约是三分天下。从表 13-2 中我们可以看到，1990～1991 财政年度美国地方政府的财政收入为 6122 亿美元，在总财政收入 21242 亿美元中的比例不大，只占 28.8%，但房地产税收收入达到 1617 亿美元，占了全国房地产税收收入的 96.2%，也占了地方财政收入 6122 亿美元的 26.4%。房地产税收收入仅次于上级财政转移流入项目，是地方财政最重要的收入来源之一。这告诉我们，美国地方政府收入对房地产很强的依赖性。这在其他国家也大体如此。

我国财政收入模式与美国有很大差异，地方政府和中央政府一样，都在企业经营中获取一大块收入。但土地收入、房地产税收、房地产相关收入在地方财政中也占有一块重要的位置。尤其值得注意的是，尽管从总体上讲，我国各级政府财政收入主要来自各种各样的企业，但在地方政府的财政收入中，土地与房地产收入近年来却呈不断上升的趋势。比如上海的土地收入、房地产税收以及与房地产相关的收入近年来一直占地方财政收入的

25％左右。在有些地区，这个比例甚至更高，近年来大众传媒中经常出现"土地财政"的说法，用以描述地方财政过度依靠土地和房地产收入的状况。

专栏 13.1　上海财政中的房地产收入

我国地方能用于建设的资金只能靠预算外资金，而近年来土地收入往往是这种"预算外资金"的主要组成部分。

据一些经济学家分析，上海市财政收入中有 25％来自房地产及相关行业，其中主要是土地出让收益、房地产企业营业税和所得税（房地产公司一般需要按照销售收入的5.5％缴纳营业税）。从 2000 年开始，上海房产成交量大幅上扬，也使上海财政获得可观的收入。据上海市政协的一份调研报告显示，即使在房市低迷的 2005 年，房地产对上海区县财政税收和 GDP 的贡献也很高，松江为 18％和 8％，徐汇为 40％和 20％。房地产与地方财政开始呈现出"一荣俱荣，一损俱损"的趋势，2006 年上半年，上海房地产市级税收当中，营业税为 29.7 亿元，所得税为 16.3 亿元，契税为 4.5 亿元，剩下的大约 140 亿元大部分是土地出让金。比起上年房地产税收减少了 40.5 亿元，结果使年上海市财政收入增幅也下降了 19.7％。

13.2　社区分化与区域规划

地方政府与房地产之间的密切联系不仅使地方政府积极参与房地产开发，结果还加剧了大城市内部的社区分化。

在这一节，我们假定地方政府有很强的财政动机来规划城市开发，政府总是力图让新投入的城市项目带来的财政收益大于相应形成的政府公共开支，或者至少是补偿政府的公共开支。地方政府在对城市进行规划的时候，其动机本来应当是提高全体市民的福利，政府对市民承担的责任是一样的，政府不应该刻意地将居民划分成等级。但为了达到这一目的，政府就需要研究在城市的哪个角落开发新项目，因为大城市一般都存在社区分化，这种分化造就大城市不同区域之间的消费与收入方式差别极大，政府选择在不同的地区鼓励房地产开发，可以起到调节财政收支的作用。

市民在选择居住地的时候，为什么会出现"物以类聚、人以群分"的社区分化现象呢？当然，这种分化首先可能是居民本身的原因造成的，隐藏于居民住宅选择背后的显然有种族、宗教、文化、收入等多重复杂的动机，但无可否认的是，政府的决策必定也会对社区分化起推波助澜的作用。

可以用一个简单思路来分析这个问题。首先，我们应该扩充住宅属性的外延，应该认识到住宅可以提供给我们的服务不仅取决于住宅本身，还取决于住宅在城市中的位置及与住宅相联系的社区环境。关于住宅的位置，我们已经在前面做了分析，这里我们可以用相仿的思路研究社区环境。决定社区环境质量的既有自然因素，也有人文因素，但在这里我们假定它们是由政府提供的公共服务决定的，而公共服务的数量是政府为此支付的成本的函数，这样政府提供的公共服务的数量就与政府财政收入相联系。我们再假定政府的财政收入只来源于物业税，政府提供的服务越多，就要求征收更多的物业税收。我们在做了这些假定之后，我们就可以看到社区分化与政府的关系。高收入阶层要求获得更多的公共服务，这个阶层就会以多支付物业税的方式向政府"购买"，而为了实现对公共服务的消费，他们只好聚集在一起，如图 13-1 所示。

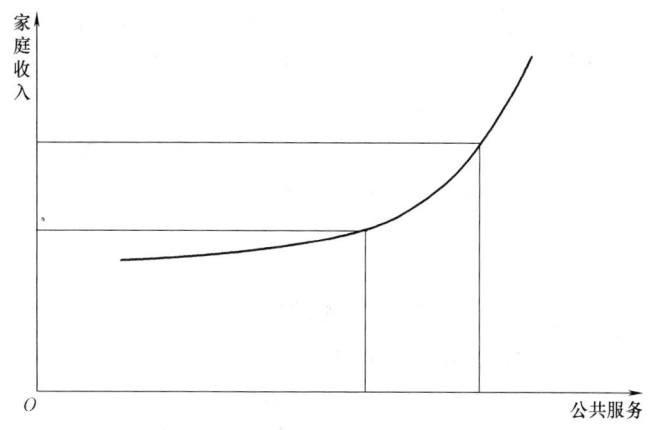

图 13-1　住宅选择与公共服务

高收入阶层之所以能够为住宅消费支付更多的费用，是因为所有的家庭其收入中用于住宅消费部分是十分稳定的。因此家庭收入越高，其用于住宅消费的开支也越高，这一方面导致他们去购买更为宽敞的住宅，另一方面也有条件对公共服务提出更高的要求。

迪帕斯奎尔和惠顿用下面一个公式来研究美国的物业税的实际税率。

$$t=(G-A-N)s/P \tag{13-1}$$

其中，t 为物业税的实际税率，G 为平均到每一个家庭的地方政府支出，也就是平均到每一个家庭的公共支出，A 为家庭平摊的政府补助，N 为折算到家庭的政府非物业税收，s 为居住物业价值在城市物业总价值中的比例，P 为住宅的平均价格。在这个模型里，我们假定地方政府的收入由物业税和上级转移财政及其他收入组成，因此地方政府物业税的实际收入，是地方政府全部开支（它等于收入）中扣去上级政府给家庭补助和非物业税收入后的余额。式（13-1）还假设了非居住物业为政府拥有的公共物品，不征收物业税，所以平摊物业税的时候将其他物业排除出去。

较高的实际物业税率意味着家庭为获得公共服务付出较高的代价。当用式（13-1）计算美国一个州的实际物业税率时，迪帕斯奎尔和惠顿发现，州内不同城镇的物业税实际税率相差极大。他们分别统计了同在马萨诸塞州的波士顿与康科德 1990 年的物业税实际税率，发现波士顿的实际税率是 0.68，而康科德的实际税率是 0.92，后者竟比前者高出 35%。这种差距显然与两个地区的收入差距有关。据迪帕斯奎尔和惠顿统计，康科德的家庭平均收入是波士顿的 140%。有趣的是，他们发现康科德家庭的平均支出只比波士顿多 7.7%。这就是说，物业税实际税率与家庭收入是一比一的关系，而家庭支出的收入弹性反而要小得多。

物业税收入当然形成了对地方政府的强大的刺激，高收入地区物业税收入高，政府提供公共服务的能力就可能提高，至少是克服财政困难的条件就更好。这对地方政府来说意义重大，使得它们倾向在这些地区规划更多的房地产项目，或者提高这个地区的房地产品质。

但是用这个思路分析问题会碰到很多困难。首先，如果物业税不是房地产税收的主要税种时，我们似乎无法证明高收入社区可能提供更多的税收。那么，政府有什么理由更多地帮助高收入地区发展呢？问题在于，除了居民住宅的物业税，政府从地区的非居住物业获得的收入也相当可观，尤其是商业用途的建筑物租金通常高于居民住宅租金，建立在商业收益基础上的政府收入也可能大大高于普通物业税收。因此地方政府在高收入地区获得更多收益的可能性是存在的，这导致它愿意为这些地区提供更多的公共服务，甚至人为地制造一个高收入群体的住宅区域。

其次，理论上地方政府提供的公共服务不能依社区不同而异，它对公众提供的大多数服务应该是一视同仁的。有些服务费用，比如消防、建筑物保护和社区治安，会在穷人居住地区付出更多一点，因为那里火灾隐患可能更多一点，建筑更旧一点，犯罪概率也可能更高一点。迪帕斯奎尔和惠顿在研究了美国波士顿地区的社区差别后也指出，社区的公共服务需求对社区家庭收入来说，通常是没有弹性的。不管各社区在收入方面有什么差别，它们对公共服务的需求通常一样多。真的细究起来，低收入地区可能获得的政府服务还可能会更多一点。再说政府作为公共机构，它在提供公共服务方面也确实不能因人而异。因此，如果我们仅仅考察地方政府的开支，我们很难发现这种开支在地区之间的差别。

尽管如此，不同社区公共服务的差别也还是存在的。一般来说，政府在做城市规划的时候，可能会给高收入地区以更多的照顾。比如为这些地区安排更加便利的交通，更加关注这些地区的环境保护，将比较高级的商业服务机构和文化设施安排在这些地区。有些地方政府甚至倾向于将政府机构也安排在这些地区。政府在这样做的时候有许多冠冕堂皇的理由，因为这些地区消费能力更强，适合消化比较高级的商业服务和文化服务；这些地区往往是一个城市的精神上的象征，更能体现整个城市的历史文化传统；这些地区更能成为公众聚集的场所；政府在这里组织活动能吸引更多的市民参加；如此等等。这使得政府有充分的理由更加关注这些地区的自然环境与人文环境的保护，更精心地开发这些地区的道路与建筑。政府的这种做法虽然不一定涉及可以观察到的开支变动，但无疑大大提高了高收入地区的社区质量。

城市社区分化一个后果是富人居住区的形成，与此相应的另一个后果就是城市贫民区的出现，尤其是在大都市，必定会有贫民区出现。虽然每一个国家和城市都有贫民问题，但大都市往往贫困率特别高。城市贫民区问题一直是研究城市经济问题的重要话题。在贫民居住区，政府无法提高物业税率，只能削减这些区域的公共服务，而公共服务的减少又带来一系列问题，比如高犯罪率等，结果导致一系列新的预算的发生，如增加警力，开展针对有犯罪倾向青少年的特殊教育，提供特殊社会服务等。这使得城市管理者陷入两难困境。美国的城市贫民区一般出现在城市中心，统计数据表明，美国城市中心的贫困率（贫困家庭在家庭中的比例）是郊区贫困率的两倍。除了高收入阶层对公共服务的竞争之外，造成美国城市贫民区的原因还有种族关系紧张、房地产市场上对穷人歧视等因素。我国大城市在近代历史上受西方殖民管理等因素的影响，一直存在明显的社区分化。新中国建立后，由于政府统一管理和规划，这个问题有所缓解。但近年来由于城市居民收入分化和农民大量进城，社区分化又出现上升的趋势。

　　据北京市社会科学院"北京城区角落调查"课题组 2005 年统计，北京市城区内至少有 358 个"城区角落"，涉及人口至少超过 30 万人。研究人员通过问卷调查发现，角落地区居民的文化程度较低。超过 2/3 是初中或高中文化，还有 1/10 的居民是小学以下文化，只有约 1/5 的居民是大专以上文化。无正式职业的人近 1/5，有近 2/5 的人在国有企业工作，其他类型的工作近 2/5。近 1/4 的家庭月收入在 500 元以下，有 1/3 的家庭月收入在 501～1000 元之间。还有超过 1/4 的家庭月收入在 1001～2000 元之间，家庭收入超过 2000 元的较少。有 35.23% 的居民家里有失业者；有 38.34% 的居民家里有 60 岁以上的老人；有 10.36% 的居民家里有长期重病者；有 49.22% 的居民家里有正在上学者；有 9.33% 的居民家里有学龄前儿童。有 60% 的居民人均住房面积在 10m² 以下，其中更有 21% 的居民人均住房面积在 5m² 以下。不仅居住面积狭小，而且室内配套设施缺乏。使用罐装燃气做饭的占到了 87.97%；有 73.77% 的居民住房内没有洗澡设施；有 56.52% 的居民住房内没有厨房；有 81.08% 的居民住房内没有厕所。有近 40% 的房子已经超过 30 年，有 11.36% 的居民住房为临建住房。在对自己居住区的满意度上，有超过 50% 的居民作出了负面回答，三个主要问题是"环境脏乱"（63.39%）、"生活不便"（61.20%）、"治安不好"（57.92%）。"角落"成为北京市实现"新北京，新奥运"战略构想的"木桶"最短板。有人测算，改造北京的"城市角落"至少要投资 378 亿元。这是个浩大的工程，更是一个长期的工程，也许还是个很难完成的工程。

13.3　我国城市的土地使用制度与土地价格

　　地方财政与城市的密切关系不仅加剧了社区分化，对房地产总体价格的形成也有很大影响。当地方政府能够强有力地控制土地使用的时候，它就有可能用控制土地供给的方式来抬高土地价格，再从土地的开发利用中获益。

　　我国现有的土地制度规定了所有实际使用土地的人都只拥有使用的权利，无出让的权利，这就实际上限制了个人成为土地供给者的可能，使地方政府成了唯一的土地供给者。地方政府既可以出让国有土地，又可以将集体土地转征为国有土地，并且可以决定土地的供给数量和供给方式，并且获取土地出让金。20 世纪 80 年代，我国借鉴了香港地区的土地批租制度，实行了城市土地的有偿使用，客观上解决了土地不能进入流通的矛盾，也为城市改造筹措到充足的资金，但也刺激了地方政府利用土地来获得财政收益的积极性，一些地方政府利用其土地的垄断支配权力低价征地，又高价出让，从中获得巨大的收益。20 世纪 80 年代以来，我国城市蓬勃发展，这种特定的土地使用制度可以说功不可没。但这一制度的弊端也十分明显，首先，地方政府是将长期的土地租金转化为当下的收入，透支了城市未来的建设资金，一些地方政府还可能将基础设施建设规模扩大到不切实际的地步，超越了经济发展的客观节奏。其次，一些地方政府过分提高了土地租金价格，抬高了企业的生产成本，扰乱了市场，也严重影响了企业的生存和发展。房地产市场是后一种弊端表现最为充分的市场，土地批租价格的上升在一定程度上抬高了房价，影响了城市中低收入阶层的住宅服务消费。

　　事实上，土地出让金和房地产税费已成为不少地方政府的"金库"，一些地方政府正在变成当代"地主"。政府土地收益的快速发展正带来一系列管理问题，由于无法核实土地开发的真实成本，很多地方隐瞒、截留了土地出让收入，为腐败创造了条件；由于许多重大项目的建设决策都与土地有关，也与地方土地收益有关，这常常使地方政府利益背离中央政府的项目安排，中央与地方更容易对立；地方政府对土地使用权的垄断有时候也会侵犯被征地居民，特别是被征地农民的权益。据《中国国土资源年鉴2005》的统计，2004年全国国有土地供应出让181510.3hm^2，成交价款6412.2亿元，扣除实际支付的征地补偿费、拆迁补助费、土地开发费、用于农业土地开发的资金以及土地出让业务费等各种费用之后实现的土地净收益为2339.8亿元。而根据2004年全国经济普查的数据显示，2004年全国房地产开发企业的经营利润总额为1035.2亿元。政府的土地的净收益是房地产企业经营利润的2.26倍。这一"年鉴"还显示，我国1999年的土地净收益为514.3亿元，2004年与之相比增长了4.55倍，每年平均增长0.91倍。而且这种收益增长是在土地供给没有变化的条件下获得的。比如，2003年的土地供应量为19.3万hm^2，收益为1799.1亿元。而2004年土地的供应量下降为18.1万hm^2，少了1.2万hm^2，收益却增加了340亿元，这也就是说，土地收益的增加只与土地单价的上升有关。土地出让金已成为许多地方政府的"第二财政"。在一些地方，土地直接税收及城市扩张带来的间接税收占地方预算的40%，而土地出让金净收入占政府预算外收入的60%以上。2007年上半年全国税收收入累计完成24947亿元，增长29%，其中城镇建设税收入增长了23.4%，土地增值税增长了79.3%，土地使用税增长了57.1%，房地产业营业税增长了38.3%。

　　土地价格飞涨还造成了房地产业快速发展的假象，因为房地产投资增长中相当大一部分仅仅来源于土地购置费用增加。根据《中国统计年鉴》（2006年）提供的数据，从1997～2005年全国房地产完成投资额年均增长22.3%，而房屋竣工面积年均增长仅为16.4%，土地购置费用的年均增长速度高达36%。扣除土地购置费用增长的影响后，年均投资实际增长率其实低于全社会固定资产投资的实际增长。而房地产实际投资相对缓慢的结果是供给的相对滞后，这加剧了房地产供求矛盾。

专栏13.3　土地招拍挂提高了土地交易费用

　　据民间统计，2006年北京招拍挂交易的土地为86宗。土地起始交易价格为214.6亿元，参加投标单位交纳给土地部门的各种保证金总额为143.8亿元，投标单位存在公司账上准备购买土地的金额则高达900多亿元。这两笔费用中利息损失近1.5亿元，整个交易成本约为2亿多元，平均每宗土地交易为230万元。截至2007年8月31日，交易数为44宗，起始价为134.69亿元。但存入土地部门的保证金就高达88.3亿元，准备购买土地的公司存款金额约为650亿元。利息损失约亿元，平均每宗土地的交易费用也在250万元左右。以此推算，土地招拍挂制度如在全国进行，开发商支付的交易费用约为60亿元。

　　为了避免土地利用不当和地方官员利用土地资源分配权力捞取钱财，我国出台了土地"招拍挂"制度，企图使土地利用公开化，加强土地利用的社会监督。但实施结果也并不理想。因为这项制度不妨碍地方政府对土地供给数量的控制，一些地方政府可以通过减少土地供应量来左右土地出让价格，让土地出让价格在举牌竞争过程之中不断向"天价"攀升，结果大大增加了政府的土地净收益。

土地招拍挂还导致土地交易费用上升的问题。招拍挂的交易成本还包括各种标书和制定投标文件的成本，招标前规划方案的研究与设计成本，勘察地形、了解市场、地块位置的成本，交纳投标保证金的成本，支付全款土地价款的资金成本，以及其他管理成本。这些成本会加在土地中标价格之外。如果多次投标未中标，那么这些累计的成本就会成为公司最终累加在中标的项目上的成本，就会变成一个巨大的交易成本。

可见，究竟应该建立什么样的城市土地供给制度，我国还处于制度设计和创新的过程之中。

专栏 13.4　土地出让制度改革

> 我国将以《土地出让金收支管理办法》实行出让金改革方案。这个方案提出土地出让金改革实行"收支分开"和"专款专用"，使土地出让金不再成为地方政府的"小金库"，同时将一定比例的土地出让金用于保障类住房的开发建设。让财政预算"体外循环"了多年的土地出让金将重归规范管理。这个"办法"草案中提出，土地出让金将全额纳入地方财政预算，实行"收支两条线"，并接受地方人大的监督。此外，为规范地方政府土地出让金收支，"办法"还提出将采取在国库中设立"国有土地有偿使用专账"的方式，按照土地出让金收入的一定比例建立"国有土地收益基金"，并规定地方政府不得作为当期收入安排使用。土地出让金收支管理办法便体现出国家通过"反哺"农村、居住保障等推动城市协调性发展的目的。不过，也有些专家指出，如果没有好的法律制度、严格的管理制度及执法机构，要想达到上述目标同样不容易。新的土地出让金管理体系能否减弱地方政府对土地审批的冲动，能否清除一些地方官员与房地产开发商的合谋，这些仍有待观察。

尊敬的读者：

感谢您选购我社图书！建工版图书按图书销售分类在卖场上架，共设22个一级分类及43个二级分类，根据图书销售分类选购建筑类图书会节省您的大量时间。现将建工版图书销售分类及与我社联系方式介绍给您，欢迎随时与我们联系。

★建工版图书销售分类表（详见下表）。

★欢迎登陆中国建筑工业出版社网站www.cabp.com.cn，本网站为您提供建工版图书信息查询，网上留言、购书服务，并邀请您加入网上读者俱乐部。

★中国建筑工业出版社总编室　电　话：010—58934845
　　　　　　　　　　　　　　　传　真：010—68321361

★中国建筑工业出版社发行部　电　话：010—58933865
　　　　　　　　　　　　　　　传　真：010—68325420
　　　　　　　　　　　　　　　E-mail：hbw@cabp.com.cn

建工版图书销售分类表

一级分类名称（代码）	二级分类名称（代码）	一级分类名称（代码）	二级分类名称（代码）
建筑学（A）	建筑历史与理论（A10）	园林景观（G）	园林史与园林景观理论（G10）
	建筑设计（A20）		园林景观规划与设计（G20）
	建筑技术（A30）		环境艺术设计（G30）
	建筑表现·建筑制图（A40）		园林景观施工（G40）
	建筑艺术（A50）		园林植物与应用（G50）
建筑设备·建筑材料（F）	暖通空调（F10）	城乡建设·市政工程·环境工程（B）	城镇与乡（村）建设（B10）
	建筑给水排水（F20）		道路桥梁工程（B20）
	建筑电气与建筑智能化技术（F30）		市政给水排水工程（B30）
	建筑节能·建筑防火（F40）		市政供热、供燃气工程（B40）
	建筑材料（F50）		环境工程（B50）
城市规划·城市设计（P）	城市史与城市规划理论（P10）	建筑结构与岩土工程（S）	建筑结构（S10）
	城市规划与城市设计（P20）		岩土工程（S20）
室内设计·装饰装修（D）	室内设计与表现（D10）	建筑施工·设备安装技术（C）	施工技术（C10）
	家具与装饰（D20）		设备安装技术（C20）
	装修材料与施工（D30）		工程质量与安全（C30）
建筑工程经济与管理（M）	施工管理（M10）	房地产开发管理（E）	房地产开发与经营（E10）
	工程管理（M20）		物业管理（E20）
	工程监理（M30）	辞典·连续出版物（Z）	辞典（Z10）
	工程经济与造价（M40）		连续出版物（Z20）
艺术·设计（K）	艺术（K10）	旅游·其他（Q）	旅游（Q10）
	工业设计（K20）		其他（Q20）
	平面设计（K30）	土木建筑计算机应用系列（J）	
执业资格考试用书（R）		法律法规与标准规范单行本（T）	
高校教材（V）		法律法规与标准规范汇编/大全（U）	
高职高专教材（X）		培训教材（Y）	
中职中专教材（W）		电子出版物（H）	

注：建工版图书销售分类已标注于图书封底。